Où trouver la sécurité?

Derek Prince

ISBN 978-1782630-86-9
Originally published in English as a series of audiotapes under the title "Where To Find Security?" (RC081-RC083).
French translation published by permission of Derek Prince Ministries International USA, P.O. Box 19501, Charlotte, North Carolina 28219-9501, USA.

Traduit par Florence Boyer.

Sauf autre indication, les citations bibliques de cette publication sont tirées de la traduction Louis Segond "Nouvelle Edition".

Publié par Derek Prince Ministries France, année 2005.

Dépôt légal: 1e trimestre 2005.

Couverture faite par Damien Baslé, tél./fax 04 75 59 77 44.

Imprimé en France

Pour tout renseignement, et pour obtenir un catalogue de tous les livres et toutes les cassettes de Derek Prince disponibles, merci de contacter:

DEREK PRINCE MINISTRIES FRANCE
9, Route d'Oupia, B.P.31, 34210 Olonzac FRANCE
tél. (33) 04 68 91 38 72 fax (33) 04 68 91 38 63
E-mail info@derekprince.fr * www.derekrpince.fr

Du même auteur:

Bénédiction ou malédiction: à vous de choisir!!
Ils chasseront les démons
A la recherche de la vérité
7 représentations du peuple de Dieu
Le remède de Dieu contre le rejet
Prier pour le gouvernement
Les actions de grâces, la louange et l'adoration
Votre langue a-t-elle besoin de guérison?
Le flacon de médicament de Dieu
Le mariage: une alliance
Dieu est un Faiseur de mariages
Le plan de Dieu pour votre argent
L'échange divin
La série des fondements de la foi, vol. 1, 2 et 3
Le Saint-Esprit, oui! Mais...
La destinée d'Israël et de l'Eglise
La sorcellerie, exposée et vaincue
Ecouter la voix de Dieu
Comment trouver le plan de Dieu pour votre vie
Si vous désirez le meilleur de Dieu
Les accords de la harpe de David
Les eaux amères de la vie
La croix: incontournable!
Rendez-vous à Jérusalem
Qui est le Saint-Esprit?
Guide prophétique des derniers temps
Et autres. (mars 2005,73 titres disponibles)

A commander chez l'éditeur, ou chez votre diffuseur habituel.
Ecrivez à notre adresse pour recevoir un catalogue de tous les livres et de toutes les cassettes de Derek Prince et pour recevoir gratuitement les lettres d'enseignement et de liaison, quatre fois par an (France et DOM/TOM uniquement):

DEREK PRINCE MINISTRIES FRANCE
9, Route d'Oupia, 34210 Olonzac FRANCE
tél. (33) 04 68 91 38 72 fax (33) 04 68 91 38 63
E-mail info@derekprince.fr * www.derekrpince.fr

SOMMAIRE

OÙ TROUVER LA SÉCURITÉ?

Chapitre un

TOUT HOMME A UN BESOIN ARDENT DE SÉCURITÉ

Dans ce livre, je vais aborder une question que tous les gens se posent, quels que soient leur nationalité, leur culture ou leur statut socio-économique. La façon dont ils l'expriment peut différer, mais la question est toujours la même partout: «Où trouver la sécurité?»

Tout le monde est concerné. En fait, une grande partie de l'activité humaine est tournée vers ce besoin, celui de trouver la sécurité.

Nous pouvons voir l'importance que les gens attachent à cette question en considérant combien ils sont prêts à dépenser pour cela. Dans notre culture contemporaine, il existe différentes agences, industries ou organisations qui, d'une façon ou d'une autre, garantissent la sécurité et dépensent des milliards de dollars chaque année.

Permettez-moi de mentionner quelques-unes de ces agences ou organisations. Nous avons tout d'abord les compagnies d'assurance, qui font un énorme travail. Leur rayon d'action est cependant limité. Nous pouvons nous assurer contre un accident par exemple, mais nous n'avons aucune certitude que l'accident n'aura pas lieu. Nous pouvons nous assurer contre le vol ou l'incendie, mais nous ne pouvons pas être absolument certains que nous ne serons pas victimes d'un incendie ou d'un vol. Même si les assurances font un énorme travail leur champ d'action est limité. Certaines choses ne peuvent être garanties, des circonstances leur échappant.

Il existe ensuite ce que nous appelons des «agences de sécurité», qu'elles soient publiques ou privées. Dans le domaine public, c'est la police qui est à l'œuvre. De nombreuses agences privées existent également, et leur nombre ne cesse de croître chaque année. Avec l'arrivée des détournements d'avion, s'est mise en place toute une industrie nouvelle visant à garantir la sécurité dans les aéroports. Pourtant, la triste réalité est là: les délits violents ne cessent d'augmenter. Ce n'est pas une critique envers la police, c'est simplement pour montrer qu'il y a une limite à ce que les agences de sécurité peuvent faire.

Il existe encore ce que nous appelons aujourd'hui «la sécurité sociale»[1], qui est devenue quelque chose d'important dans presque toutes les nations occidentales. Elles parlent aujourd'hui de sécurité allant de la naissance à la mort. Nous devons pourtant nous demander s'il s'agit là d'une bonne description. L'idée est que l'Etat, pour tous les besoins susceptibles d'arriver dans la vie de tout un chacun, amortit le problème en l'en protégeant.

Si vous êtes malade, vos dépenses médicales seront payées[2]. Lorsque vous devenez trop âgé pour travailler, vous recevez une pension qui couvre vos

---

[1] N.d.é.: Dans certains pays, il s'agit du système des «caisses de maladie» ou de «prévoyance».

[2] N.d.é.: Tout ou partie, selon le système en place dans le pays dans lequel nous vivons.

besoins. Le problème est que, bien entendu, l'inflation fait revoir à la baisse ces promesses de sécurité sociale. Il est intéressant de constater que certaines nations ont acquis un système de sécurité sociale très efficace, notamment en Scandinavie, pays que je connais bien. La Suède et le Danemark ont un système de sécurité sociale extraordinaire. Malheureusement, cela est compensé par des impôts très lourds. Statistiquement, les deux nations qui ont le taux de suicide le plus élevé parmi l'ensemble de la population sont la Suède et le Danemark, ce qui prouve bien que la sécurité sociale ne donne pas une sécurité absolue. Ce sont des peuples qui, théoriquement, ont tous les besoins physiques et financiers couverts; pourtant ils n'arrivent pas à faire face à la vie et optent pour cette autre alternative qu'est le suicide, ce qui est loin d'être une preuve de sécurité.

Il existe encore dans le monde d'autres éléments de sécurité que nous appelons les «forces de sécurité», comme les forces armées (l'armées, la marine, les forces aériennes, etc.). Chaque nation proclame qu'elle a ses forces armées pour garantir sa propre sécurité, ce qui est probablement vrai dans la plupart des cas. Cependant elles ne donnent pas la sécurité car, si nous prenons simplement l'exemple des Etats-Unis et celui de la Russie, plus les forces de sécurité de la Russie sont importantes et moins les Américains se sentent en sécurité, et vice versa. Plus les forces armées des Etats-Unis sont importantes, et moins les Russes se sentent en sécurité. Car ce qui est sécurité pour une nation est forcément insécurité pour une autre.

Je ne veux en aucun cas critiquer ces tentatives visant à garantir la sécurité. En fait, beaucoup d'entre elles sont fort intéressantes, louables et doivent être soutenues. En même temps, ce que je dis, c'est qu'aucune d'entre elles n'a réussi à obtenir une sécurité totale et permanente. Il existe des domaines dans lesquels elles ne peuvent pas donner la sécurité. Même dans ceux où elles peuvent la donner, elles sont limitées. J'en suis arrivé à une conclusion importante tandis que nous cherchons la réponse à cette question: «Où trouver la sécurité?» Malgré les efforts des hommes et les dépenses engagées, ils sont dans de nombreuses situations impuissants à garantir une réelle sécurité. Je crois que le seul espoir d'obtenir la véritable sécurité est d'arriver à accepter de ne pas s'appuyer sur des choses irréelles qui ne sont pas à la hauteur de leurs promesses.

Je vous donnerai plus loin un exemple familier tiré des Ecritures, celui de la parabole des deux hommes bâtissant une maison, l'un sur le roc et l'autre sur le sable. J'aimerais vous dire que la recherche de la sécurité totale et permanente fondée uniquement sur la réalisation et les efforts humains revient à construire sa maison sur le sable. Viendra un temps dans votre vie où la maison sera balayée par un désastre.

Il existe cependant une autre source de sécurité totalement différente par sa nature et par ses promesses. Je peux vous affirmer que cette source de sécurité peut vous garantir une sécurité totale et permanente. Cette source est celle de la sagesse de Dieu. Lisons attentivement Proverbe 1:20-33. Nous y découvrons l'instabilité de la réalisation humaine et la sécurité absolue que Dieu donne. Souvenez-vous que c'est la sagesse qui parle; il ne s'agit pas de la sagesse humaine, mais de celle de Dieu qui parle à travers les Ecritures:

«La sagesse crie dans les rues, elle élève sa voix dans les places; elle crie à l'entrée des lieux bruyants; aux portes, dans la ville, elle fait entendre ses paroles: Jusques à quand, stupides, aimerez-vous la stupidité? Jusques à quand les moqueurs se plairont-ils à la moquerie, et les insensés haïront-ils la science? Tournez-vous pour écouter mes réprimandes! Voici, je répandrai sur vous mon esprit, je vous ferai connaître mes paroles... Puisque j'appelle et que vous résistez, puisque j'étends ma main et que personne n'y prend garde, puisque vous rejetez tous mes conseils, et que vous n'aimez pas mes réprimandes, moi aussi, je rirai quand vous serez dans le malheur, je me moquerai quand la terreur vous saisira comme une tempête, et que le malheur vous enveloppera comme un tourbillon, quand la détresse et l'angoisse fondront sur vous, alors ils m'appelleront, et je ne répondrai pas; ils me chercheront, et ils ne me trouveront pas. Parce qu'ils ont haï la science, et qu'ils n'ont pas choisi la crainte de l'Eternel, parce qu'ils n'ont point aimé mes conseils, et qu'ils ont dédaigné toutes mes réprimandes, ils se nourriront du fruit de leur voie, et ils se rassasieront de leurs propres conseils. Car la résistance des stupides les tue et la sécurité des insensés les perd; mais celui qui m'écoute reposera avec assurance, il vivra tranquille et sans craindre aucun mal.»

Réfléchissez à cette dernière phrase: «Celui qui m'écoute reposera avec assurance, il vivra tranquille et sans craindre aucun mal.» C'est ce qu'offre la sagesse de Dieu qui parle à travers les pages de l'Ecriture. Ce passage nous montre que, malgré tout ce que la sagesse offre, peu de gens l'acceptent. Peu de gens acceptent l'instruction de la sagesse et prennent garde à ses réprimandes, c'est pourquoi ils sont confrontés à un désastre qu'ils auraient pu éviter. Je vous pose cette question: «Etes-vous prêt à écouter? Etes-vous prêt à prendre garde à la voix de la sagesse qui vous promet une sécurité absolue et permanente?» Maintenant je vais vous donner l'occasion d'écouter la sagesse.

Chapitre deux

LE TEMPOREL CONTRE L'ÉTERNEL

«Mais celui qui m'écoute reposera avec assurance, il vivra tranquille et sans craindre aucun mal.» (Proverbe 1:33)

C'est ce qu'offre la sagesse. Remarquez la sécurité absolue. Une telle personne vivra dans la sécurité; non seulement dans la sécurité, mais tranquille. Elle n'aura pas de crainte et ne pourra être atteinte par le mal.

Pourtant, dans les premiers mots énoncés par la sagesse, il est clair qu'elle offre à la fois le conseil et la réprimande. Malheureusement, la majorité de l'humanité ne tient pas compte de ses avis et ne prend pas garde à ses réprimandes. C'est ce que dit la sagesse un peu avant dans le chapitre:

«Puisque vous rejetez tous mes conseils,
et que vous n'aimez pas mes réprimandes,
moi aussi, je rirai quand vous serez dans le
malheur, je me moquerai quand la terreur
vous saisira.» (versets 25-26)

Le fait de ne pas accepter le conseil de la sagesse et de ne pas prêter attention à ses réprimandes est chargé de menaces; cela mène à la catastrophe et au désastre.

En offrant à la fois le conseil et la réprimande, la sagesse nous montre ce qui est bon et nous avertit de ce qui est mauvais. Il y a en particulier quelque chose de spécial que la sagesse révèle dans l'Ecriture: la sagesse de Dieu. C'est une chose que nous ne pouvons pas bien comprendre en dehors de la révélation divine. C'est la différence entre deux catégories de choses dans l'univers: celles qui sont temporaires et celles qui sont éternelles. Si nous ne comprenons pas cette distinction et n'agissons pas en conséquence, nous ne pourrons jamais connaître la véritable sécurité. Paul nous dit:

> «… parce que nous regardons non point aux choses visibles, mais à celles qui sont invisibles; car les choses visibles sont passagères, et les invisibles sont éternelles.» (2 Corinthiens 4:18)

La distinction est bien claire. Il existe deux sortes de choses. Tout d'abord celles que nous pouvons voir – le monde des sens – et qui sont temporaires; elles ne durent pas. Puis il y a un autre monde, le monde invisible, le monde de l'éternel, le monde de Dieu et de ses créatures, de sa vérité. C'est complètement différent du monde temporaire. Paul dit: «Nous regardons non pas aux choses visibles.» C'est un paradoxe. Comment pouvons-nous regarder ce qui ne se voit pas? La seule façon d'entrer dans ce royaume, c'est la foi. Par la foi, nous appréhendons ce que nous ne pouvons pas voir avec nos yeux ni ne percevoir avec aucun de nos sens. A travers la perception de ce qui est éternel, dans le domaine de l'invisible, nous commençons à trouver la véritable sécurité.

Dans un autre passage, le prophète Esaïe fait la distinction entre ce qui est temporel et ce qui est éternel. Il nous montre qu'à travers le temporel, Dieu nous demande d'aller vers ce qui est éternel:

> «Toute chair est comme l'herbe, et tout son éclat comme la fleur des champs. L'herbe sèche, la fleur tombe, quand le vent de l'Eternel souffle dessus; certainement le peuple est comme l'herbe. L'herbe sèche, la fleur tombe; mais la parole de notre Dieu subsiste éternellement.» (Esaïe 40:6b-8)

Il s'agit encore une fois du temporel et de l'éternel. Toute vie humaine est temporelle. Nous sommes tous comme l'herbe; nous grandissons, nous nous flétrissons, nous mourons, nous passons. Il n'y a rien de permanent dans tout cela. Pourtant c'est très beau. A travers cette beauté, Dieu nous attire. Il nous parle d'un autre royaume où la beauté ne se flétrit pas, où les fleurs ne se fanent pas, mais où la parole de Dieu demeure éternellement. Et tous les gens sont comme l'herbe.

Je vous ai affirmé que, pour obtenir la véritable sécurité, il faut voir les limites de toute autre forme de sécurité. Vous devez comprendre qu'aucune sécurité humaine obtenue par des efforts ou par notre propre sagesse ne peut être permanente. C'est comme la nature humaine: c'est de l'herbe. Elle grandit, elle est vivante, elle est verte, elle est belle avec ses fleurs, mais elle est temporaire. Au moment où elle atteint le sommet de sa beauté, elle commence à se flétrir. Dieu l'a permis. Il l'utilise comme une démonstration, afin que nous détournions nos cœurs de ce qui est temporaire pour les fixer sur ce qui est permanent. Cela nous fait regarder à Dieu, à sa Parole, à sa sagesse qui nous parle dans sa Parole et qui nous offre une sécurité différente, absolue et permanente.

Confrontés à cette différence entre le temporaire et le permanent, chacun doit faire un choix pour sa vie. Nous devons décider si nous voulons bâtir sur le temporaire ou sur le permanent. Cela nous est clairement exprimé dans la parabole bien connue de Jésus sur les deux hommes qui bâtissent une maison. L'un bâtit sur le sable, ce qui est temporaire, l'autre sur le roc, ce qui est permanent. Nous devons tous faire ce même choix.

> «C'est pourquoi, quiconque entend ces paroles que je dis, et les met en pratique, sera semblable à un homme prudent qui a bâti sa maison sur le roc. La pluie est tombée, les torrents sont venus, les vents ont soufflé et se sont jetés contre cette maison: elle n'est point tombée parce qu'elle était fondée sur le roc. Mais quiconque entend ces paroles que je dis, et ne les met pas en pratique, sera semblable à un homme insensé qui a bâti sa maison sur le sable. La pluie est tombée, les torrents sont venus, les vents ont soufflé et ont battu cette maison: elle est tombée, et sa ruine a été grande.» (Matthieu 7:24-27)

Cela nous montre qu'il n'y a pas de place pour le compromis ou la demi-mesure. Nous devons décider sur quoi nous allons bâtir notre vie. Allons-nous nous contenter du temporaire? ou des choses que nous pouvons acquérir par nos propres efforts? Allons-nous chercher la sécurité dans ce royaume? S'il en est ainsi, nous sommes comme l'homme qui a bâti sa maison sur le sable sans avoir de bonnes fondations. Elle tiendra un moment mais, quand viendra l'épreuve de la catastrophe et que les pressions seront là, elle s'écroulera. Remarquez que Jésus est très réaliste. Il ne dit pas «si» les épreuves surviennent, mais «quand» les épreuves surviendront. Toute vie sera éprouvée à un moment ou à un autre par ce genre de pression. Nous ne pouvons espérer y échapper. La seule solution est de construire sur un fondement qui résistera aux pressions et qui ne cédera pas.

Ce fondement est la parole de Dieu. C'est la révélation de la sagesse de Dieu révélée dans sa parole. C'est la parole de Dieu qui révèle un autre royaume, qui n'est pas comme l'herbe, qui ne grandit pas, qui ne se flétrit pas, qui ne se fane pas et qui ne meurt pas. C'est un royaume qui est aussi éternel que la nature de Dieu, car il est fondé sur la propre parole de Dieu qui exprime sa nature éternelle, qui nous donne son conseil éternel et qui nous montre le chemin à travers les sables mouvants vers le roc éternel, vers le roc sur lequel nous pouvons tous bâtir en toute confiance, sachant qu'il résistera à toutes les pressions de la vie. C'est le chemin de la véritable sécurité.

Chapitre trois

LE ROC ÉTERNEL

Voyons maintenant la nature du roc sur lequel nous pouvons bâtir en toute sécurité, pour ce temps et pour l'éternité. L'identité du roc n'est pas un secret; cela nous est clairement dévoilé dans la Bible. Dans 1 Corinthiens 3:11, Paul dit ceci:

> «Car personne ne peut poser un autre fondement que celui qui a été posé, savoir Jésus-Christ.»

C'est vraiment clair et concret. Le seul fondement qui résistera pour l'éternité est celui de Jésus-Christ. Il est le fondement que Dieu a déjà posé. Nous ne pouvons pas le changer, nous ne pouvons pas en trouver un autre. Nous ne pouvons qu'accepter celui que Dieu a prévu en Jésus-Christ.

Dans 1 Pierre 2:4-6, Pierre dit ceci à propos de Jésus:

> «Approchez-vous de lui, pierre vivante, rejetée par les hommes, mais choisie et précieuse devant Dieu; et vous-mêmes, comme des pierres vivantes, édifiez-vous pour former une maison spirituelle, un saint sacerdoce, afin d'offrir des sacrifices spirituels agréables à Dieu par Jésus-

Christ. Car il est dit dans l'Ecriture: Voici, je mets en Sion une pierre angulaire choisie, précieuse; et celui qui croit en elle ne sera point confus.»

Encore une fois, Pierre nous présente Jésus, la pierre vivante, la pierre angulaire précieuse. Il dit que, si nous venons à Jésus par la foi et que nous mettons notre foi en lui, nous deviendrons des pierres vivantes pour former une maison spirituelle sur ce fondement. Cette maison spirituelle nous donnera une sécurité totale. Celui qui se confie en Jésus ne sera point confus (en anglais: «jamais confus»). Remarquez le mot «jamais». Cela couvre ce temps et l'éternité. Celui qui se confie en Jésus ne sera jamais confus, jamais déçu, jamais abandonné, jamais confronté à aucune situation que Jésus ne puisse résoudre. Il y a deux étapes très importantes pour bâtir sur le fondement de Jésus-Christ.

Tout d'abord vous devez renoncer à faire confiance au temporaire, à vous-même, à tout effort humain, à toute sagesse humaine. En fin de compte, ce n'est que du sable, vous devez y renoncer.

Ensuite il faut engager totalement et sans réserve votre vie, tout ce que vous êtes et tout ce que vous avez pour ce temps et pour l'éternité envers Jésus-Christ. Jésus nous a fait cette promesse: «Je ne rejetterai pas celui qui vient à moi.» Si vous allez vers lui, il vous recevra. Peut-être êtes-vous déjà quelqu'un de religieux, possédant un sens moral aigu, avec le désir de faire le bien. En fin de compte, peu importe, tout cela n'est que du sable. Ce sont des efforts humains. Pour bâtir sur le roc, il faut renoncer à votre propre justice, à votre propre bonté, à votre moralité comme fondement permanent de votre sécurité. Vous devez dire: «Jésus, je viens à toi. Je te fais confiance pour être mon Sauveur. Je reçois de toi, par la foi, le don de la vie éternelle et je remets ma vie sans réserve entre tes mains.» C'est ainsi que nous bâtissons sur le roc éternel, Jésus-Christ.

L'engagement envers Jésus-Christ a l'effet d'une relation personnelle avec lui que rien ne peut remplacer. Cette relation est décrite dans de nombreux passages de l'Ecriture. L'un des plus beaux et des plus connus est le Psaume 23, «le Psaume du berger». Lisons les quatre premiers versets dans lesquels David décrit si merveilleusement la nature de cette relation:

> «L'Eternel est mon berger, je ne manquerai de rien.» (verset 1)

N'est-ce pas la sécurité absolue? Ce seul verset dit tout ce qu'il faut dire sur la sécurité et est fondé sur une relation personnelle avec le Seigneur. Tout ce dont j'ai besoin pour ce temps et pour l'éternité m'est donné grâce à cette relation.

> «Il (le Seigneur) me fait reposer dans de verts pâturages, il me conduit près des eaux paisibles, il restaure mon âme. Il me conduit dans les sentiers de la justice à cause de son nom.» (versets 2-3)

Je le résumerais en disant qu'une fois l'engagement pris, le Seigneur accepte de prendre complètement la responsabilité de celui qui s'est engagé, quelles que soient la situation et les circonstances, et il le fait à cause de son nom. Combien c'est important! Il ne le fait pas parce que nous sommes bons, intelligents ou justes, mais parce qu'il est fidèle à son nom. Pour la gloire et l'honneur de son nom, il gardera son alliance et son engagement envers nous.

«Quand je marche dans la vallée de l'ombre de la mort, je ne crains aucun mal, car tu es avec moi. Ta houlette et ton bâton me rassurent.» (verset 4)

C'est la sécurité qui va au-delà du temps jusque dans l'éternité. Quand le moment sera venu, et il viendra pour chacun d'entre nous, quand nous quitterons ce temps et que nous dirons adieu au temporel, nous n'aurons à craindre aucun mal, même dans la vallée de l'ombre de la mort, car le Seigneur est avec nous. Il est là pour nous soutenir, pour nous fortifier, pour nous consoler et pour nous recevoir. En tant que pasteur, il est de ma responsabilité d'amener les gens aussi loin que possible jusqu'à l'entrée de la vallée. Il y a cependant un moment où le ministère humain doit les remettre au bon berger et le voir prendre la responsabilité de celui qui lui a abandonné sa vie. J'en ai fait l'expérience avec ma première épouse, Lydia, une chrétienne merveilleuse et une servante du Seigneur. J'étais avec elle quand elle est décédée. Je l'ai conduite jusqu'à l'entrée de la vallée de l'ombre et, à un moment donné, je ne pouvais plus rien faire; le Seigneur a été fidèle à son engagement comme il le sera pour tous ceux qui se sont engagés sans réserve envers lui, fidèle dans la vie, fidèle dans la mort, fidèle pour ce temps, fidèle pour l'éternité. Il n'y a aucune puissance maléfique dans l'univers qui puisse rompre cette relation entre le Seigneur et celui qui s'est engagé envers lui.

«Car j'ai l'assurance que ni la mort, ni la vie, ni les anges, ni les dominations, ni les choses présentes, ni les choses à venir, ni les puissances, ni la hauteur, ni la profondeur, ni aucune autre créature ne pourra nous séparer de l'amour de Dieu manifesté en Jésus-Christ notre Seigneur.» (Romains 8:38-39)

Rien dans tout l'univers ne peut briser cette relation sacrée de l'âme qui s'est tournée vers Jésus, de la vie fondée sur le roc, le roc éternel qui est Jésus-Christ. Là se trouve la sécurité absolue et permanente.

Chapitre quatre

UNE ESPÉRANCE ÉTERNELLE

Etudions maintenant l'un des fruits découlant de notre relation avec Jésus-Christ, et qui est l'espérance éternelle. L'espérance est l'un des plus beaux mots. L'espérance du cœur donne la patience et la force pour endurer les difficultés, les malheurs et toutes les tensions de la vie. Elle ne nous les évite pas, mais elle nous donne la force de les traverser.

A l'inverse, le manque d'espérance sape l'initiative, la force et le désir même de vivre. Il est tragique d'être dans ce monde sans espérance, et le fait de ne pas avoir d'espérance dans la mort est l'ultime tragédie. Mais ce n'est pas le cas de l'âme qui s'est engagée envers Jésus.

«Le méchant est renversé par sa méchanceté; mais le juste trouve un refuge même en sa mort.» (Proverbe 14:32)

La King James Version traduit: «Le méchant est emporté par sa méchanceté, mais le juste a de l'espérance même en sa mort.», et la New International Version dit: «... le juste a un refuge.». Pour l'âme engagée envers le Seigneur, il y a un refuge, une espérance même dans l'ombre de la mort.

Nous pouvons mettre en parallèle ces merveilleuses paroles du Proverbe avec ce que Paul dit dans Ephésiens 2:12 à propos de ceux qui n'ont pas de relation avec Christ. Il écrit aux gentils qui n'ont jamais connu le Seigneur avant d'entendre l'Evangile. Ils ne sont pas fondés sur l'Ecriture, ils n'ont la connaissance du véritable Dieu de par leur passé, et voici ce qu'il leur dit:

> «Souvenez-vous que vous étiez en ce temps-là sans Christ (coupé de lui, sans relation avec lui), privés du droit de cité en Israël, étrangers aux alliances de la promesse, sans espérance et sans Dieu dans le monde.»

Quelles paroles terribles et tristes à la fois! «Sans espérance et sans Dieu dans le monde.» La raison en est que nous étions séparés de Christ. La King James Version emploie trois fois le mot «sans», «sans Christ», «sans espérance» et «sans Dieu». C'est une image terrible là où cette relation manque, car l'âme qui bâtit uniquement sur le sable du temps, qui ne s'est pas engagée envers Jésus-Christ, est sans Christ, sans espérance et sans Dieu. J'espère que, quand vous le lirez, vous ne passerez pas une journée de plus sans Christ, sans espérance et sans Dieu.

Sans Christ, sans espérance et sans Dieu.» Examinons de plus près cette image. Je voudrais vous montrer le contraste par rapport à la mort entre deux sortes de personnes, celles qui sont unies à Christ par la foi et celles qui sont séparées de Christ, qui ne se sont jamais engagées, qui n'ont pas cette union dans le domaine spirituel avec Christ. C'est ce que Paul dit dans 1 Thessaloniciens 4:13-18. Il écrit à des chrétiens récemment convertis et leur explique certaines choses, en particulier la réponse chrétienne à la mort d'un frère croyant. Il dit que c'est triste et que c'est un chagrin totalement différent du chagrin de ce monde:

«Nous ne voulons pas, frères, que vous soyez dans l'ignorance au sujet de ceux qui dorment, afin que vous ne vous affligiez pas comme les autres qui n'ont pas d'espérance.» (verset 13)

«Comme les autres», c'est-à-dire ceux qui ne sont pas unis à Christ, qui n'ont pas d'espérance dans la mort. Pour parler des croyants qui sont morts, il utilise une expression courante dans le Nouveau Testament dans un tel contexte. Il parle de «ceux qui dorment». Il n'utilise pas le verbe «mourir».

«Car si nous croyons que Jésus est mort et qu'il est ressuscité, croyons aussi que Dieu ramènera par Jésus et avec lui ceux qui sont morts.» (verset 14)

Notez cette expression essentielle «avec lui». Dans cette relation avec Christ, ils se sont endormis; ils sont morts, mais ils sont unis par la foi à celui qui est mort et qui est ressuscité des morts. Cette union leur garantit une résurrection similaire à l'heure de Dieu.

«Voici, en effet, ce que nous vous déclarons d'après la parole du Seigneur: Nous, les vivants, restés pour l'avènement du Seigneur, nous ne devancerons pas ceux qui sont morts. Car le Seigneur lui-même, à un signal donné, à la voix d'un archange, et au son de la trompette de Dieu, descendra du ciel, et les morts en Christ ressusciteront premièrement. Ensuite nous, les vivants, qui serons restés, nous serons tous ensemble enlevés avec eux sur des nuées, à la rencontre du Seigneur dans les airs, et ainsi nous serons toujours avec le Seigneur. Consolez-vous donc les uns les autres par ces paroles.» (versets 15-18)

Ce sont des paroles d'encouragement. Nous ne devons pas nous affliger comme ceux qui n'ont pas d'espérance. Les êtres aimés nous manquent, nous avons un vrai chagrin dans le cœur, mais ce n'est pas un chagrin désespéré. Nous avons l'assurance que, quand Jésus reviendra, nous les reverrons et nous serons pour toujours avec le Seigneur; nous devons donc nous encourager les uns les autres par ces paroles.

Je me souviens de deux scènes dont j'ai été témoin en Afrique. L'une se passait en Egypte. J'étais à la pyramide de Gizeh et, tandis que je regardais les pyramides, des funérailles musulmanes se déroulaient tout près de là, dans un cimetière musulman. Un groupe de femmes, toutes vêtues de noir, faisaient un bruit terrible en se lamentant, une lamentation sans espoir. Cela m'a percé le cœur et je me suis dit: «Merci, Seigneur, parce que tu nous a délivrés du désespoir de la mort.» Un cri a alors jailli de mon cœur pour les millions de gens qui n'ont pas cette espérance face à la mort.

L'autre scène se déroule en Afrique de l'Est, où j'étais principal de collège pour les enseignants africains. L'une de nos étudiantes avait contracté la typhoïde et était à l'hôpital dans le coma. Lydia et moi sommes allés la visiter. Elle était bien évidemment incapable de répondre. J'ai fait cette prière: «Seigneur, permets qu'elle sorte du coma suffisamment longtemps pour que je puisse lui poser la question essentielle.» Immédiatement après cette prière, elle a ouvert les yeux et m'a regardé. Elle s'appelait Agneta. Je lui ai dit: «Agneta, es-tu sûre que ton âme est sauvée par le Seigneur?» Elle m'a regardé dans les yeux et m'a dit: «Oui.» Et elle a de nouveau sombré dans le coma. Cependant je savais tout ce qu'il fallait savoir. Je savais qu'elle était en relation avec Jésus par ce lien qui ne peut se briser ni dans ce temps ni dans l'éternité.

L'une de mes paroles préférées est Proverbe 4:18:

> «Le sentier des justes est comme la lumière resplendissante, dont l'éclat va croissant jusqu'au milieu du jour.»

Une fois que vous avez mis les pieds dans le sentier de la justice par un engagement avec le Seigneur, chaque pas que vous faites vous éclaire et la pleine lumière du milieu du jour sera celle des retrouvailles avec le Seigneur quand vous passerez de ce temps à l'éternité, quand vous serez passé par cette longue vallée de l'ombre et que vous serez dans la pleine lumière et l'éclat de la présence du Seigneur pour toujours.

Chapitre cinq

L'ESPÉRANCE, UN REFUGE, UNE ANCRE

Connaître l'espérance est très rare dans ce monde. Elle est si précieuse que je veux m'étendre davantage sur ce sujet maintenant. Je dois franchement vous dire que, en tant que prédicateur, j'ai des thèmes favoris. L'espérance en fait partie. Quand j'aborde ce sujet, cela me plaît vraiment. J'espère que cela va aussi vous bénir.

Je vais partager avec vous deux merveilleuses images d'espérance que nous lisons dans le Nouveau Testament. Toutes deux se trouvent dans Hébreux 6; elles sont à la suite l'une de l'autre. La première image d'espérance est l'espérance en tant que refuge:

> «Or les hommes jurent par celui qui est plus grand qu'eux, et le serment est une garantie qui met fin à tous leurs différends. C'est pourquoi Dieu, voulant montrer avec plus d'évidence aux héritiers de la promesse l'immutabilité de sa résolution, intervient par un serment, afin que, par deux choses immuables, dans lesquelles il est impossible que Dieu mente, nous trouvions un puissant encouragement, nous dont le seul refuge a été de saisir l'espérance qui nous était proposée (en anglais: «... nous qui avons

fui pour saisir l'espérance…»).» (Hébreux 6:16-18)

L'auteur de l'épître aux Hébreux nous assure ici que notre confiance en Dieu repose sur deux choses sûres et immuables: la parole de Dieu et la fidélité de Dieu. En fait, il n'était pas vraiment nécessaire que Dieu nous donne davantage que sa parole, mais il voulait tellement que nous ayons une totale assurance, qu'il nous a donné sa parole et l'a confirmée par une promesse: «… afin que, par deux choses immuables, dans lesquelles il est impossible que Dieu mente, nous trouvions un puissant encouragement, nous dont le seul refuge a été de saisir l'espérance qui nous était proposée.»

Remarquez l'expression qu'il utilise à propos de l'espérance fondée sur deux choses immuables, la parole de Dieu et la fidélité de Dieu. Il dit: «Nous avons saisi l'espérance qui nous était proposée.» Cette image est tirée de l'Ancien Testament. En effet, si un homme était poursuivi par un vengeur du sang qui en voulait à sa vie, il y avait un endroit où il pouvait fuir et être en sécurité: l'autel de Dieu. S'il fuyait vers l'autel de Dieu et en saisissait les cornes, personne n'osait l'en arracher jusqu'à ce qu'il ait l'assurance d'un juste procès.

Hébreux 6 utilise l'image de la fuite vers le refuge qu'est l'autel de Dieu et le fait de saisir les cornes: «Ce lieu de refuge, cet autel, est notre espérance dans la parole immuable de Dieu et en sa fidélité.» Si nous saisissons les cornes et que nous ne les lâchons pas, rien ne pourra nous en arracher. Nous pouvons être poursuivis par toutes sortes de craintes, par notre culpabilité, par nos insécurités, par la peur du lendemain, par la peur de la maladie, mais si nous arrivons à l'autel et que nos saisissons les cornes, alors rien ne pourra nous en arracher. C'est le lieu de sécurité véritable et permanente.

L'expression «fuir vers l'espérance» suggère l'urgence. Elle laisse penser que les pressions augmentent, que les forces contre nous se liguent, que nous devons être très rapides, très véloces, et que nous devons atteindre l'autel avant que ces forces ne nous balaient et que nous ne perdions cette chance que Dieu nous a donnée. C'est ainsi que je le vois; dans l'urgence, nous devons mettre notre foi et notre espérance sans réserve dans la fidélité de Dieu et dans son engagement par Jésus-Christ. Nous devons également le faire avant qu'une calamité ne s'abatte sur nous et que nous ne puissions plus atteindre et saisir les cornes de cet autel d'espérance. Voici mon conseil: fuyez vers l'autel, saisissez les cornes et soyez certain que vous ne serez pas balayé par quelque malheur, par quelque force, par quelque puissance avant d'être absolument assuré de l'espérance éternelle.

Dans les versets suivants, nous avons une deuxième image qui suit immédiatement la première:

«Cette espérance, nous la possédons comme une ancre de l'âme, sûre et solide; elle pénètre au-delà du voile, là où Jésus est entré pour nous comme précurseur, ayant été fait souverain sacrificateur pour toujours, selon l'ordre de Melchisédek.» (Hébreux 6:19-20)

L'image de l'espérance est une ancre, une ancre de l'âme. Elle est ferme et sûre, et passe à travers le voile qui sépare ce temps de l'éternité. Elle est ancrée sur le rocher des âges, dans la personne et l'œuvre de notre Seigneur Jésus-Christ. Elle n'est plus sujette aux pressions et aux changements de ce monde temporaire, mais va au-delà du temps; elle est solidement ancrée sur le roc qui ne bouge pas, le Seigneur Jésus-Christ.

A un moment donné dans ma vie, j'ai eu désespérément besoin de comprendre la nature de l'espérance, et c'est l'un des passages que Dieu m'a donné. J'ai une pensée analytique. J'étais logicien avant d'être prédicateur. En lisant ce passage, je raisonnais ainsi, et j'aimerais le partager avec vous car je crois que cela vous aidera. Je me suis dit: «Ainsi, l'espérance est une ancre.» Cela nous donne l'image d'un bateau qui a une ancre et qui est en sécurité grâce à cette ancre. Pourquoi un bateau a-t-il besoin d'une ancre? Parce qu'un bateau, par sa nature, flotte sur un élément totalement instable, peu sûr, sur lequel il n'y a aucune sécurité. Cet élément, c'est l'eau. Vous ne pouvez pas attraper l'eau, vous ne pouvez pas l'arrêter; si vous l'attrapez avec vos mains, elle s'écoule. Il n'y a pas de sécurité dans l'eau.

Pour avoir la sécurité, le bateau doit faire passer l'ancre au travers de l'élément instable qu'est l'eau vers un autre élément plus stable. L'image, c'est le roc, ou la terre, ou le lit de la mer, ou toute autre chose. Puis Dieu a commencé à me montrer que ma vie était comme ce bateau: «Tu es sur la mer, tu es dans un monde où il n'y a aucune stabilité. Rien n'y est permanent. Tu n'as de prise sur rien. Il n'y a rien que tu puisses saisir pour te donner la sécurité. Si tu veux la véritable et durable sécurité, tu dois faire comme ce bateau. Tu dois passer l'ancre de l'espérance à travers le royaume du temps vers celui de l'éternité. Car c'est seulement dans le royaume immuable de Dieu, sa présence, sa parole, sa personne et sa nature et l'œuvre de Jésus-Christ, que se trouvent permanence et sécurité.»

C'est ce que j'ai fait. J'ai fait un pacte avec Dieu qui a changé ma façon de voir les choses. J'ai fait passer mon ancre de ce temps à l'éternité. Je l'ai ancrée dans la personne et l'œuvre de Jésus-Christ. J'ai ainsi obtenu une nouvelle paix, une nouvelle sécurité qui est la mienne depuis lors.

Chapitre six

LE LIEU SECRET

Dans les chapitres qui suivent, je vais traiter des différents aspects de la sécurité dans la vie actuelle, la sécurité dans les temps de trouble, la sécurité financière, la sécurité émotionnelle... Nous allons étudier ensemble les différentes façons dont Dieu donne ce genre de sécurité ainsi que les conditions à remplir pour y accéder dans chaque domaine de notre vie.

Je vais commencer par aborder le sujet de la sécurité en période de troubles, de guerre, de famine par exemple... J'aimerais vous dire dès le début que je ne vais pas faire de théorie, mais parler de mon expérience personnelle, car j'ai vécu ces conditions.

L'un des passages qui promet la sécurité absolue dans ces conditions – la guerre, la famine, la peste – se trouve dans le Psaume 91, que l'on a appelé «l'abri anti-atomique de Dieu»:

«Celui qui demeure sous l'abri du Très-Haut repose à l'ombre du Tout-Puissant. Je dis à l'Eternel: Mon refuge et ma forteresse, mon Dieu en qui je me confie! Car c'est lui qui te délivre du filet de l'oiseleur, de la peste et de ses ravages. Il te couvrira de ses plumes, et tu trouveras un refuge sous ses ailes; sa fidélité est un bouclier et une cuirasse. Tu ne craindras ni les terreurs de la nuit, ni la flèche qui vole de jour, ni la peste qui marche dans les ténèbres, ni la contagion qui frappe en plein midi. Que mille tombent à ton côté, et dix mille à ta droite, tu ne seras pas atteint; de tes yeux seulement tu regarderas, et tu verras la rétribution des méchants, car tu es mon refuge, ô Eternel! Tu fais du Très-Haut ta retraite. Aucun malheur ne t'arrivera, aucun fléau n'approchera de ta tente.» (Psaume 91:1-10)

Des conditions sont nécessaires pour accéder à cette sécurité dont parle le psalmiste. Nous avons d'abord «celui qui demeure sous l'abri du Très-Haut». Dans la King James Version, le mot «abri» est traduit par «lieu secret», et je pense que c'est vraiment une excellente traduction; en effet, la racine du mot hébreu utilisé ici est «un secret». Je vais donc employer cette expression «lieu secret». Celui qui habite dans le lieu secret du Très-Haut repose à l'ombre du Tout-Puissant. Cela évoque une position continuelle en Dieu. Ce n'est pas quelqu'un qui accourt dans le lieu secret dans les temps de crise, mais qui y habite, dont la demeure est le lieu secret du Très-Haut. Il nous faut habiter dans ce lieu secret, sinon notre sécurité n'est plus assurée. Celui qui habite dans le lieu secret du Très-Haut reposera à l'ombre du Tout-Puissant. Le mot qui est traduit par «repos» est fréquemment utilisé pour évoquer le fait de passer la nuit. Cela nous montre que, durant les heures d'obscurité, nous avons un lieu de protection absolue.

Nous avons ensuite: «Je dis à l'Eternel: Mon refuge et ma forteresse.» C'est une autre condition essentielle pour pouvoir confesser avec assurance et personnellement notre foi et notre relation avec lui. Nous ne devons pas seulement croire dans notre cœur, nous devons également le dire avec notre bouche. Ailleurs, le psalmiste dit: «Que les rachetés de l'Eternel proclament qu'il les a rachetés de la main de l'ennemi.» La rédemption n'est pas effective tant que nous ne l'avons pas confessée. Nous la rendons effective en la confessant personnellement.

Voyons les différentes formes de troubles contre lesquels la protection nous est promise. Je vais simplement les lire sans faire de commentaire: le filet de l'oiseleur, la peste et ses ravages, les terreurs de la nuit, la flèche qui vole de jour, la peste qui marche dans les ténèbres, la contagion qui frappe en plein midi et tout ce qui fait tomber l'homme. «Que mille tombent à ton côté, et dix mille à ta droite, tu ne seras pas atteint.»

Je peux dire que j'ai été témoin de ces choses alors que j'étais aide-soignant dans l'armée durant la Seconde Guerre mondiale. Je me souviens d'un jour où l'ennemi nous bombardait; j'étais assis tranquillement au milieu du désert, regardant les bombes tomber autour de moi, et aucune n'est venue près de moi. A ce moment-là, ces paroles sont venues clairement dans mon esprit: «Que mille tombent à ton côté, et dix mille à ta droite, tu ne seras pas atteint.»

Pour confirmer ce que je dis à propos du lieu secret du Très-Haut, j'aimerais partager brièvement avec vous quelques-unes de mes expériences personnelles. Avec Lydia et nos huit filles adoptives, dont six étaient juives, une arabe et une anglaise, nous vivions dans le quartier juif de Jérusalem pendant les années de la création de l'Etat d'Israël entre 1947 et 1948. A cette époque, nous avons vu beaucoup des choses décrites dans le Psaume 91. C'était un temps de famine, de pénurie d'eau, de manque de nourriture pour toute la population juive; pourtant de façon souveraine Dieu nous a donné continuellement suffisamment de quoi boire et de quoi manger.

Nous étions alors en danger permanent. Il y avait des tireurs isolés embusqués dans la rue. Notre fille aînée a traversé la rue et la personne juste à côté d'elle a été abattue; Tikva n'a pas été touchée.

Quand la guerre a éclaté à Jérusalem, la maison dans laquelle nous vivions était à moins de cinq cents mètres de la ligne de front; pendant six semaines, nous avons vécu dans la buanderie, au sous-sol. Quand nous en sommes sortis, nous avons trouvé environ cent cinquante vitres cassées par les balles. Je me souviens qu'un jour une balle a ricoché, a atterri dans la chambre près de la jambe de mon épouse sans lui faire aucun mal.

Quand je parle donc du «lieu secret du Très-Haut», je ne vous donne pas que de la théorie, je raconte des choses vécues; j'aimerais vous mettre au défi de le vérifier dans votre propre vie afin d'être certain que vous connaissez bien le lieu secret.

Chapitre sept

LA PORTE CACHÉE

Une question pratique très importante découle directement du passage du Psaume 91 que nous venons de lire: «Comment pouvons-nous faire notre demeure dans le lieu secret du Très-Haut?» Comment pouvons-nous gagner ce lieu secret? Un lieu secret est bien évidemment caché, il faut le chercher, car il n'est pas indiqué. Il n'y a pas de pancarte nous indiquant: «Ici se trouve le lieu secret», parce que, si c'était le cas, il ne serait plus secret. Nous devons donc le découvrir.

De magnifiques paroles se trouvent dans Job 28, lesquelles, je crois, se rapportent au lieu secret: «Où est la demeure de l'intelligence?» Vous vous souvenez que c'est la sagesse qui nous donne la sécurité absolue. Ces versets nous disent comment Dieu a caché son lieu secret:

> «L'oiseau de proie n'en connaît pas le sentier, l'œil du vautour ne l'a point aperçu; les plus fiers animaux ne l'ont point foulé, le lion n'y a jamais passé.»
> (versets 7-8)

Aucun animal, oiseau ou bête ne connaît le chemin du lieu secret.

«L'abîme dit: Elle n'est pas en moi; et la mer dit: Elle n'est point avec moi.» (verset 14)

Il n'est pas caché quelque part dans les profondeurs de la mer.

«Elle est cachée aux yeux de tout vivant, elle est cachée aux oiseaux du ciel. Le gouffre et la mort disent: Nous en avons entendu parler, c'est Dieu qui en sait le chemin, c'est lui qui en connaît la demeure.» (versets 21-23)

C'est le lieu secret du Très-Haut. Les animaux ne l'ont pas vu, les oiseaux ne peuvent pas le voir, il ne se trouve pas dans les profondeurs ni dans la mer, mais on affirme ici quelque chose d'intéressant à propos de la destruction et de la mort. La destruction et la mort disent: «Nous en avons entendu parler.» C'est-à-dire que, si je peux m'exprimer ainsi, quand vous vous approchez de la destruction et de la mort, vous «brûlez». Je suis sûr que vous avez déjà joué à ce jeu qui consiste à cacher un objet à retrouver dans une pièce en devinant où il se trouve. Si vous êtes tout proche, on vous dit: «Tu brûles», et si vous vous en éloignez, on vous dit: «C'est froid.» C'est un peu de cette manière que l'Ecriture en parle. La destruction et la mort disent: «Nous en avons entendu parler.» Mais, quand vous êtes proche de la mort, alors vous commencez à vous rapprocher du lieu secret.

Je pense aux vieux châteaux de mon pays, l'Angleterre, et à ceux d'Europe. Souvent, dans les vieux châteaux, il y a une porte cachée donnant sur un passage secret qui conduit dehors; souvent cette porte secrète est dissimulée par une tapisserie ou un grand tableau et, quand vous enlevez la tapisserie ou le portrait du mur, il y a un endroit sur lequel il faut appuyer pour que la porte s'ouvre et, là, vous avez trouvé le lieu secret. Je crois que c'est aussi une image du lieu secret de Dieu. Il est couvert par une image, par quelque chose auquel nous ne pensons pas. J'aimerais vous dire maintenant la réponse au mystère: la porte, c'est la croix de Jésus.

Quand nous voyons la croix, nous avons d'abord un geste de recul. Nous n'en voulons pas, nous ne l'aimons pas. Mais derrière elle se trouve la porte du lieu secret. La croix de Jésus est donc la porte vers ce lieu secret qu'aucun animal ne peut trouver, qu'aucun oiseau ne peut voir, que la création tout entière ne connaît pas. Il se trouve dans le royaume spirituel, pas dans le royaume naturel.

Lisons quelques paroles de Paul qui parlent de ce lieu secret et l'identifie:

«Si donc vous êtes ressuscités avec Christ, cherchez les choses d'en haut, où Christ est assis à la droite de Dieu. Affectionnez-vous aux choses d'en haut, et non à celles qui sont sur la terre. Car vous êtes morts, et votre vie est cachée avec Christ en Dieu. Quand Christ, notre vie, paraîtra, alors vous paraîtrez avec lui dans la gloire.» (Colossiens 3:1-4)

Remarquez l'expression clé: «Votre vie est cachée avec Christ en Dieu.» Ce n'est pas dans le monde à venir, c'est vrai maintenant; être caché avec Christ en Dieu, c'est être dans le lieu secret. Paul dit: «Vous êtes morts.» C'est la croix. Le secret est que, quand Jésus est mort, il n'est pas mort pour lui-même, mais pour nous. Il nous représentait, il a pris notre culpabilité, il a pris toute notre condamnation, il a payé le prix et il est mort à notre place. Quand nous le comprenons et que nous recevons par la foi ce que l'Ecriture dit, alors nous sommes également morts quand Jésus est mort sur la croix. Paul dit aussi: «J'ai été crucifié avec Christ et, si je vis, ce n'est plus moi qui vis, c'est Christ qui vit en moi.» Quand Paul dit: «Vous êtes morts», vous êtes passé à travers la mort, à travers la mort de Jésus, à travers la croix dans un nouveau royaume qui n'est pas dans le monde naturel, que les sens ne peuvent pas percevoir, que les créatures naturelles ne peuvent pas discerner. C'est un royaume en Christ et nous sommes cachés avec Christ en Dieu.

Considérons un instant la sécurité absolue que cela représente. Vous avez une double protection. D'abord vous êtes en Christ, ensuite vous êtes en Dieu; rien dans tout l'univers ne peut vous atteindre sauf si cela vient par Dieu ou par Christ. Notre vie n'est pas dans le monde visible. Nous sommes ici dans la chair, mais nous avons une autre vie, une vie différente, d'une source différente. Notre corps n'est qu'un réceptacle d'argile pour cette autre vie. Paul dit que ce réceptacle d'argile peut rencontrer de nombreuses difficultés et subir des pressions. Nous n'avons pas de garantie que nous passerons au travers. Cependant, dans ce réceptacle d'argile, il y a une vie différente.

C'est une vie éternelle, une vie incorruptible, une vie indestructible; nous sommes si totalement identifiés avec Jésus-Christ et avec Dieu que rien ne peut nous arriver sans que ce soit la volonté de Dieu et de Christ. C'est la sécurité absolue; la sécurité au milieu de la guerre, de la famine, de la peste, des tremblements de terre; peu importe les circonstances, en Christ nous sommes dans ce lieu secret du Très-Haut, protégés de tout mal et de tout danger, et la porte en est la croix.

Chapitre huit

LA PROTECTION CONTRE LA PEUR ET LES INQUIÉTUDES

Abordons maintenant la sécurité dans un autre domaine, celui qui nous concerne tous mais dans lequel malheureusement nous n'atteignons pas toujours le but: la sécurité émotionnelle.

Les pressions mentales et émotionnelles sont de plus en plus nombreuses dans notre vie moderne. J'ai lu récemment une enquête selon laquelle on estimait qu'une personne sur quatre dans notre pays aura un jour besoin d'une aide psychologique dans sa vie. C'est un chiffre impressionnant. La plupart des hôpitaux psychiatriques sont surpeuplés. Quand une personne en arrive à avoir besoin d'aide, c'est qu'elle subit une pression mentale ou émotionnelle; il y a ceux qui reconnaissent leur besoin et cherchent de l'aide, mais il existe probablement deux fois plus de personnes qui ne reconnaissent pas leur besoin et qui ont le même genre de problème et subissent le même type de pression.

Le remède à la pression mentale et émotionnelle se résume en un mot: paix. Non pas celle qui s'oppose à la guerre, mais la paix qui signifie le contentement, la plénitude, le repos.

Il existe des ennemis à la paix et nous allons en voir deux, qui sont la peur et les inquiétudes. Tous deux prennent des déguisements différents. Nous pouvons avoir peur de la maladie, de l'opinion des gens, d'un krach financier par exemple, ou nous pouvons être inquiets à propos des mêmes choses. L'inquiétude est comme un petit ver qui nous ronge de l'intérieur. La peur est plutôt comme un poignard qui nous transperce; cependant les deux choses, en fin de compte, nous détruisent.

La meilleure protection de Dieu contre la peur et l'inquiétude, c'est la confiance. Dans Esaïe 26:3-4, le prophète en parle. Ses paroles s'adressent à l'Eternel:

> «A celui qui est ferme dans ses sentiments, tu assures la paix, la paix, parce qu'il se confie en toi. Confiez-vous en l'Eternel à perpétuité, car l'Eternel, l'Eternel est le rocher des siècles.»

«Tu assures la paix.» C'est une protection totale contre la peur et l'inquiétude. Le domaine où la peur et l'inquiétude attaquent l'esprit: «A celui qui est ferme dans ses sentiments, tu assures la paix.» Nous pourrions aussi employer le mot «établi» et le verset suivant nous dit comment avoir un esprit ferme et établi. «Parce qu'il se confie en toi.» Vient ensuite cette merveilleuse exhortation: «Confiez-vous en l'Eternel à perpétuité, car l'Eternel, l'Eternel est le rocher des siècles.» Le mot «l'Eternel» est répété ici. Il est utilisé deux fois pour bien souligner ce fait: «L'Eternel, et l'Eternel seul est le rocher des siècles.»

Je vous ai parlé de l'ancre qui fait le lien entre ce monde et l'éternité, et qui est ancrée dans le Seigneur, le rocher des siècles. C'est une autre image du rocher des siècles. Confiez-vous en l'Eternel à perpétuité, car l'Eternel, l'Eternel est le rocher des siècles.

J'aimerais vous donner deux étapes pour parvenir à la confiance. La première est que vous devez être renouvelé dans votre intelligence. Nos esprits sont dirigés, motivés et contrôlés par des forces spirituelles; pour parvenir à une réelle confiance, nous devons avoir un esprit différent qui contrôle notre intelligence, un esprit différent de celui qui contrôle les gens de ce monde. Paul dit dans Ephésiens 4:23:

«Soyez renouvelés dans l'esprit de votre intelligence.»

Laissez un autre esprit venir en vous et prendre le contrôle de votre intelligence pour reprogrammer vos pensées, les diriger autrement, vous donner de nouveaux objectifs et modèles de pensée. Dans 2 Timothée 1:7, Paul met en parallèle l'esprit qui agit dans les gens du monde et celui qui devrait agir chez les enfants de Dieu. Il dit:

«Ce n'est pas un esprit de timidité (ou de lâcheté, de peur, c'est celui du monde) que Dieu nous a donné, mais un esprit de force, d'amour et de sagesse.»

Il s'agit du Saint-Esprit, l'Esprit que nous avons invité à contrôler notre intelligence, l'Esprit de force, d'amour et de sagesse. Quand cet Esprit vient en nous, il chasse l'esprit de timidité et de peur.

Nous devons ensuite dans notre esprit nous focaliser sur le positif.

«Ne vous inquiétez de rien; mais en toute chose faite connaître vos besoins à Dieu par des prières et des supplications, avec des actions de grâces (chaque fois que vous allez vous inquiéter, ne vous inquiétez pas, priez. Venez immédiatement à Dieu dans l'action de grâces. Et voici la promesse:) Et la paix de Dieu, qui surpasse toute intelligence, gardera vos cœurs et vos pensées en Jésus-Christ.» (Philippiens 4:6-7)

N'essayez pas d'analyser la paix de Dieu, parce qu'elle transcende toute intelligence. Elle va au-delà de notre puissance de raisonnement; nous la recevons tout simplement.

Puis Paul nous dit comment garder la paix de Dieu:

«Au reste, frères, que tout ce qui est vrai, tout ce qui est honorable, tout ce qui est juste, tout ce qui est pur, tout ce qui est aimable, tout ce qui mérite l'approbation, ce qui est vertueux et digne de louange, soit l'objet de vos pensées.» (verset 8)

C'est la recette de la paix permanente. Elle s'appuie sur ce qui est positif. Ne pensez ni au mal, ni aux gens qui vous ont fait du mal, ni aux problèmes qui pourraient survenir. Concentrez-vous sur ce qui est bon, sur Dieu, sur son amour, sur sa fidélité, sur sa Parole, sur les gens qui vous aiment et qui prient pour vous. Pensez à tout le bien que vous avez reçu des gens. Ne laissez pas votre esprit être préoccupé par les choses négatives. Quelqu'un en Egypte m'a fait un jour remarquer qu'il y avait deux sortes d'oiseaux: ceux qui tuent leur proie et ceux qui se nourrissent de viande pourrie qui sent mauvais. Les deux catégories d'oiseaux trouvent ce qu'ils cherchent. Nos esprits sont comme cela aussi. Si nous voulons nous nourrir de viande pourrie nous le pouvons, mais si nous voulons nous nourrir de nourriture fraîche nous le pouvons aussi. C'est notre décision.

J'aimerais vous dire que la Bible est très réaliste; elle ne présuppose pas que la recette sera appliquée avec un succès total dès la première fois. Elle laisse la place à une hésitation entre les deux, entre la peur et la confiance, et c'est ce que nous vivons la plupart du temps. Le psalmiste déclare:

> «Quand je suis dans la crainte, en toi je me confie (il ne dit pas qu'il n'a jamais peur, mais «quand j'ai de la crainte, je ne m'abandonne pas à la crainte, je ne me focalise pas sur elle, je ne laisserai pas la peur dominer mon esprit, je me détournerai d'elle pour aller vers le Seigneur et je mettrai ma confiance en lui»). Je me glorifierai en Dieu, en sa parole; je me confie en Dieu, je ne crains rien: Que peuvent me faire des hommes?» (Psaume 56:4-5)

Quand nous nous tournons vers Dieu et que nous mettons notre confiance en lui, nous devons honorer sa Parole. L'expression de la volonté de Dieu, de son conseil, de son attitude envers nous se trouve dans sa Parole. Les circonstances peuvent nous laisser penser que Dieu ne s'en soucie pas, qu'il est loin, qu'il ne contrôle pas la situation; mais quand nous mettons notre confiance en Dieu et en sa Parole, nous ne pouvons pas croire les mensonges de Satan. Le remède, lorsque la peur vient, n'est pas de dire: «Je n'ai pas peur», mais: «Je ne m'abandonne pas à la peur, je ne me focalise pas sur elle, je me tourne vers Dieu, je mets ma confiance en lui et en sa Parole qui ne change jamais.» En me confiant en Dieu et en sa Parole, la peur n'aura plus de prise sur moi.

Chapitre neuf

LA PROTECTION CONTRE LE DÉCOURAGEMENT ET LA DÉPRESSION

Abordons maintenant le sujet de la protection envers deux autres ennemis qui nous ôtent en général notre sécurité émotionnelle. Ce sont le découragement et la dépression. Je vais vous en montrer le remède.

En tant que prédicateur, j'ai découvert en posant des questions dans les églises du monde entier que le découragement et la dépression étaient deux des ennemis les plus courants sévissant parmi le peuple de Dieu. Encore une fois, en parlant du découragement et de la dépression, il s'agit de l'esprit qui contrôle notre intelligence. Lisons les paroles de Jésus dans Jean 14:16, qui parle à ses disciples alors qu'il est sur le point de les quitter:

> «Et moi, je prierai le Père, et il vous donnera un autre consolateur, afin qu'il demeure éternellement avec vous, l'Esprit de vérité.»

Le mot «consolateur» peut aussi être traduit par «aide» ou «conseiller». Ma traduction préférée est «celui qui encourage», parce que le mot qui est traduit par «consoler» signifie en réalité «encourager». J'aimerais vous dire clairement et fermement une chose, celle que le Saint-Esprit ne décourage jamais le peuple de Dieu. Il encourage, il ne décourage pas. Si un esprit est à l'œuvre dans votre esprit peut-être en ce moment même, et qu'il vous décourage, je veux que vous sachiez qu'il ne s'agit pas du Saint-Esprit et que vous devez renouveler l'esprit de votre intelligence. Vous devez faire de la place à celui qui encourage.

Jésus nous dit aussi que le Saint-Esprit, celui qui encourage, est l'Esprit de vérité. Le Saint-Esprit nous encourage en nous amenant à la vérité. Satan est un menteur et nous décourage en nous présentant des mensonges; c'est pourquoi certains chrétiens se trouvent dans un état de confusion mentale parce que tantôt ils ont écouté le Saint-Esprit qui les amenait à la vérité, et tantôt, manquant de vigilance, ils ont commencé à écouter l'ennemi qui leur disait des mensonges et leur distillait le découragement. Une bonne façon de discerner la différence est celle que je vous ai déjà donnée, et j'aimerais vous la répéter: le Saint-Esprit ne décourage jamais le peuple de Dieu. Il peut nous reprendre, il peut nous convaincre, mais il ne nous découragera jamais. L'impulsion du Saint-Esprit est toujours positive, jamais négative. Si, dans votre esprit, peut-être même à cet instant, il y a une force qui vous dit que vous n'êtes pas à la hauteur, que vous n'y arriverez jamais, que vous ne pourrez pas le faire, que vous ne valez rien, que Dieu vous a abandonné, je peux vous assurer qu'il ne s'agit pas du Saint-Esprit et que ce n'est pas la vérité. C'est un mensonge. Le Saint-Esprit vient avec la vérité; le diable vient avec des mensonges.

Jésus, priant le Père, dit:

«Ta parole est la vérité.» (Jean 17:17b)

Mettez ces deux choses ensemble et vous verrez que le Saint-Esprit nous encourage en amenant à notre esprit la vérité de la parole de Dieu, et cette dernière pour un enfant de Dieu est en fin de compte toujours positive, toujours encourageante. Le Saint-Esprit nous montre en particulier où trouver la protection quand nous sommes assaillis par le découragement et la dépression. Bien entendu, il nous le montre dans la parole de Dieu.

Un très beau passage m'est très précieux. Il s'agit d'Esaïe 61:3, dans lequel l'Ecriture dit que Dieu nous donnera «un vêtement de louange au lieu d'un esprit abattu (version anglaise: «un esprit de lourdeur»).

Nous pouvons remplacer l'expression «esprit abattu» par «la dépression». Quand l'esprit abattu ou la dépression nous assaille, Dieu a pourvu que cet esprit s'éloigne de nous; c'est le vêtement de louange. Quand nous nous en revêtons et que nous commençons à louer Dieu, à l'adorer, alors l'esprit abattu (ou la dépression) ne peut plus nous atteindre. Il est vaincu. Le vêtement de louange nous entoure, protège tout notre être, toute notre personnalité contre cet esprit d'abattement. C'est donc l'un des moyens que le Saint-Esprit nous montre dans l'Ecriture pour combattre le découragement et la dépression. Chaque fois que l'esprit d'abattement vient, revêtez-vous du vêtement de louange. En fait, ce qu'il faut faire, c'est vivre avec ce vêtement en permanence. Quand nous vivons en louant constamment Dieu, nous n'avons plus le temps d'être découragé ou déprimé.

Le Nouveau Testament nous montre une autre protection:

«Mais nous, qui sommes du jour, soyons sobres (et remarquez que c'est l'un des aspects de l'œuvre du Saint-Esprit dans notre esprit: il nous rend maîtres de nous-mêmes), ayant revêtu la cuirasse de la foi et de la charité, et ayant pour casque l'espérance du salut.» (1 Thessaloniciens 5:8)

Sont cités ici deux accessoires de protection. La cuirasse, la zone du cœur, est protégée par la foi et l'amour. L'esprit, la tête, l'est par le casque, et le casque, c'est l'espérance. Quand notre esprit est assailli, nous devons mettre le casque de l'espérance. Nous refusons de donner accès au désespoir, d'entretenir ce qui est négatif. Nous laissons le Saint-Esprit nous montrer toutes les vérités glorieuses et positives de la parole de Dieu sur lesquelles nous pouvons fonder une espérance forte, ferme et confiante. Quand notre esprit est plein d'espérance, il n'y a plus de place pour la dépression ou le découragement.

Durant plusieurs années, alors que j'étais jeune pasteur, j'ai dû me battre contre la dépression. Alors que j'avais acquis la victoire dans de nombreux domaines, je n'avais jamais réussi à régler ce problème de dépression. C'était comme une brume sombre et grise qui m'enveloppait, et qui descendait sur ma tête et sur mes épaules. Elle semblait m'isoler de mon épouse, de mes enfants et des membres de mon église. Je me sentais comme enfermé dans ce brouillard gris et ressentais un sentiment de désespoir, la pensée que jamais je n'y arriverai. C'était comme si quelque chose me disait: «Les autres peuvent le faire, mais pas toi; tu es arrivé aussi loin que possible et tu n'iras pas plus loin.» Je me suis battu contre ces choses pendant des heures et des heures. J'ai fait tout ce que je savais faire; j'ai prié, jeûné, lu la Bible, mais je n'arrivais pas à obtenir une victoire définitive. Puis un jour, tandis que je lisais la Bible (merci, Seigneur, de ce que je lisais la Bible), je suis arrivé à ce passage d'Esaïe 61:3, dans lequel il est dit: «Dieu nous donnera un vêtement de louange au lieu d'un esprit abattu.» En lisant cette expression «esprit abattu», quelque chose en moi s'est brisé et m'a dit: «Voilà ton problème!» J'ai réalisé à cet instant par une révélation des Ecritures que je ne me battais pas contre une attitude mentale, quelque chose de psychologique, mais que j'avais un ennemi personnel, une personne invisible dans le monde spirituel, un esprit d'abattement, de dépression qui assaillait en permanence mon esprit. Quand j'ai compris que je me battais contre cette personne invisible, cet esprit d'abattement, quatre-vingts pour cent de mon problème était réglé. Je n'avais besoin que d'une autre parole de l'Ecriture que j'ai trouvée dans Joël 2:32a:

> «Alors quiconque invoquera le nom de l'Eternel sera sauvé.»

J'ai invoqué le nom de l'Eternel et Dieu m'a libéré de cet esprit d'abattement. J'étais délivré. Puis Dieu m'a montré que, pour rester libre, je devais faire certaines choses: mettre le vêtement de louange, arrêter d'avoir des paroles négatives, de râler, d'exprimer mes peurs, mes inquiétudes et mes anxiétés. Je devais me tourner vers la Parole. Toutes les fois que j'étais confronté à un problème, je devais trouver la solution dans l'Ecriture et la citer avec assurance, puis louer et remercier Dieu. Il m'a dit que je ne pouvais plus rester pessimiste, que c'était le plus sûr chemin vers la défaite et qu'il fallait que j'apprenne à mettre le casque de l'espérance sur mon esprit. En portant le vêtement de louange et le casque de l'espérance, je suis parvenu à un lieu de sécurité absolue contre ces forces mauvaises de dépression et de découragement.

Chapitre dix

LA PROTECTION CONTRE LA CRITIQUE ET LA CALOMNIE

Nous avons deux autres ennemis de la sécurité émotionnelle; ce sont la critique et la calomnie. L'une des armes favorites de Satan pour nous contrer est la langue. Dans le Nouveau Testament, même son nom, le diable, signifie «le calomniateur»; c'est là sa nature. Il est le calomniateur, l'accusateur, et souvent il utilise des langues humaines contre nous. Il ne vient pas en personne, mais prend contrôle secrètement et de façon invisible des langues humaines et les retourne contre le peuple de Dieu en les utilisant pour calomnier, accuser, critiquer et médire.

Dans l'Ancien Testament, nous avons l'exemple du ministère du prophète Jérémie. Jérémie 18:18 parle de ce que ses ennemis disaient de lui. Parfois, Dieu nous aide en nous laissant connaître ce que nos ennemis disent. Il est quelquefois bon de savoir comment ils vont nous attaquer.

«Et ils ont dit: Venez, complotons contre Jérémie! […] Venez, tuons-le avec la langue.»

C'est ainsi que, à un moment ou à un autre, Satan attaque la plupart des serviteurs de Dieu. Il attaque le peuple de Dieu par des langues humaines. Comment allons-nous réagir? Quelle doit être notre réponse? Il est très important de répondre de la façon dont la Bible nous le montre. En fait, Jésus lui-même parle spécifiquement de ce problème. Dans Matthieu 5:11-12, dans un extrait du sermon sur la montagne, il déclare:

> «Heureux serez-vous lorsqu'on vous outragera, qu'on vous persécutera et qu'on dira faussement de vous toute sorte de mal à cause de moi...» (verset 11a)

Nous devons d'abord voir que ce n'est pas un problème, qu'il ne faut pas se lamenter. C'est une bénédiction quand on parle contre nous à cause de Jésus. Si l'on parle contre nous à cause de nos erreurs, de nos fautes ou de notre mauvaise conduite, ce n'est plus nécessairement une bénédiction. Quand on nous critique et qu'on nous attaque à cause de notre relation ou de notre engagement et de notre fidélité envers Jésus-Christ, alors ce dernier nous dit que nous sommes bénis.

> «Réjouissez-vous et soyez dans l'allégresse, parce que votre récompense sera grande dans les cieux; car c'est ainsi qu'on a persécuté les prophètes qui ont été avant vous.» (versets 11b-12)

Ces ennemis vous font donc vraiment une faveur. Ils ne le réalisent peut-être pas, j'en suis même certain, mais en fait ils vous préparent une récompense dans le ciel. N'essayez pas de les arrêter; laissez-les continuer, parce que plus ils continuent, plus votre récompense sera grande dans le ciel. Jésus a dit: «Vous suivez une bonne tradition.» Il a déclaré: «C'est ainsi qu'ils ont traité les prophètes avant vous, c'est ainsi qu'ils vous traiteront.» C'est ainsi qu'ils ont traité Jérémie dans l'exemple que nous venons de lire. Ils ont dit: «Venez et complotons contre Jérémie, tuons-le par nos paroles.» Lorsque les gens vous attaquent avec leur langue à cause de votre relation avec le Seigneur, vous êtes dans la tradition des prophètes. Réjouissez-vous et soyez dans l'allégresse. Vous allez gagner une grande récompense dans le ciel. C'est la première protection. C'est la bonne réaction.

La deuxième protection est que, quand nous sommes en Christ cachés avec Christ en Dieu (souvenez-vous que c'est le lieu secret), nous sommes couverts par sa justice. Nous l'avons vu en parlant du lieu secret. C'est le lieu en Christ, dont Paul parle dans Colossiens quand il dit: «Vous êtes morts et votre vie est cachée avec Christ en Dieu.» C'est la plus belle pensée qui soit. Dans Esaïe, il est dit que l'Eternel nous donne un vêtement de salut et une robe de justice. L'une des traductions dit qu'«il nous enveloppe d'une robe de justice». Une fois que nous sommes entrés dans le salut de Dieu, nous revêtons aussi la robe de la justice; non pas de notre propre justice, mais de celle de Christ, reçue par la foi et dont nous sommes totalement couverts. Tous les points faibles de notre caractère et de notre conduite sont couverts par cette robe. C'est ce que Paul déclare dans 2 Corinthiens 5:21:

«Celui (Jésus) qui n'a point connu le péché, il l'a fait devenir péché pour nous, afin que nous devenions en lui (Jésus) justice de Dieu.»

Tout dépend de cette relation avec Jésus. Quand nous sommes en lui, nous sommes dans le lieu secret. Quand nous sommes dans le lieu secret, nous sommes donc couverts par la justice de Dieu en Christ. Quand les gens nous critiquent et nous attaquent sur le fondement de notre relation avec Jésus, ils ne critiquent pas notre justice, mais celle de Christ. Nous sommes protégés. Nous ne devons pas nous fonder sur notre propre justice ni répondre pour nous-mêmes parce que, quand ils attaquent la justice de Jésus qui nous enveloppe, alors Dieu le Père agit et s'en occupe. C'est clairement dit dans Esaïe 54:17:

«Toute arme forgée contre toi sera sans effet; et toute langue qui s'élèvera en justice contre toi, tu la condamneras.»

Cette promesse nous est donnée parce que nous en aurons besoin. Des armes seront forgées contre nous, des langues vont nous accuser. S'il y a une promesse, c'est que nous en avons besoin. Alors ne vous découragez pas. «Toute arme forgée contre toi sera sans effet, et toute langue qui s'élèvera en justice contre toi, tu la condamneras.»

«Tel est l'héritage des serviteurs de l'Eternel, tel est le salut qui leur viendra de moi, dit l'Eternel.»

Quand les gens attaquent la justice de Dieu, il se venge. L'autre traduction pour «vengeance» est ici «justice». «Leur justice vient de moi, dit l'Eternel.» C'est pourquoi aucune arme forgée contre nous ne pourra nous atteindre; nous pouvons donc condamner toute langue qui nous critique et nous assaille, parce que nous ne les affrontons pas avec notre propre justice.

David parle du lieu secret dans le Psaume 31:21. Il nous montre qu'il existe une protection envers toutes les attaques de la langue aussi. Il dit et il parle de la relation entre l'Eternel et ses serviteurs:

«Tu les protèges sous l'abri de ta face contre ceux qui les persécutent, tu les protèges dans ta tente contre les langues qui les attaquent.»

Ce sont de ces choses-là dont nous parlons, les conspirations des hommes contre nous, les attaques des langues des gens. David dit que le remède est le même que dans le Psaume 91, où le même mot est employé et traduit par «le lieu secret de la présence de Dieu». Dans le Psaume 91, le même mot est traduit par «le lieu secret du Très-Haut», et c'est encore une fois le lieu secret. «Tu les protèges dans ta tente contre les langues qui les persécutent.» Notez l'importance du secret et du fait d'être caché. Cela revient à dire que nous ne devons pas nous exposer, que nous devons nous réfugier dans la justice de Christ. Quand nous commençons à nous exposer, à répondre avec les mêmes armes que l'ennemi, quand nous essayons de nous justifier, nous ne sommes plus cachés dans la justice de Christ. Cette parole, «nous justifier», l'indique. Nous essayons de les contrer avec leurs propres armes et de les rencontrer sur leur propre terrain; en le faisant, sans le réaliser nous sortons du lieu secret et nous perdons notre couverture et notre protection. Le remède à la critique et à la calomnie est de rester caché dans le lieu secret, revêtu de la robe de justice de Christ, et non de venir à eux avec notre propre justice.

Toutes ces pressions dont nous venons de parler, la peur et l'inquiétude, le découragement et la dépression, la critique et la calomnie, nous allons tous les rencontrer. Il est important d'apprendre à réagir de la bonne façon. Laissez-les vous faire du bien. Laissez-les servir les desseins de Dieu dans votre vie. Chaque fois que vous les rencontrez, laissez-les vous conduire dans le lieu secret. C'est pour cela que Dieu permet que cela arrive, parce qu'il veut nous amener à un lieu où nous habitons dans le lieu secret du Très-Haut.

Chapitre onze

LA SÉCURITÉ FINANCIÈRE

A toutes les périodes de l'histoire humaine, les hommes ont toujours été soucieux dans le domaine des finances et des possessions matérielles. Ces dernières années, les pressions de l'inflation mondiale ont accentué cette inquiétude et ont rendu de plus en plus difficile tout investissement sûr. L'un des résultats les plus évidents a été l'augmentation significative de la valeur de l'or et, à un degré moindre, de l'argent. C'est pourquoi les gens investissent dans les pierres précieuses et dans d'autres objets de collection, parce qu'ils n'ont pas confiance dans les autres formes d'investissement. J'ai fait la connaissance d'un riche Arabe de l'une des nations productrices de pétrole. L'un de mes amis qui le connaît bien m'a dit que cet homme ne se sentait en sécurité que s'il avait cent millions de dollars disponibles immédiatement en liquide. S'ils ne les avaient pas, il ne dormait pas de la nuit. Pour les obtenir, il a investi et garde cent millions de dollars dans une banque suisse; il paie la banque trois pour cent pour qu'elle garde ses cent millions de dollars. Autrement dit, cela lui coûte trois millions de dollars par an pour garder ses cent millions de dollars en sécurité. C'est son concept de la sécurité. Je dois pourtant dire que de tels investissements n'apportent pas la sécurité véritable et permanente.

Il existe une autre forme d'investissement sûr. Par exemple, dans Matthieu 6:19-21, Jésus dit:

«Ne vous amassez pas des trésors sur la terre, où la teigne et la rouille détruisent, et où les voleurs percent et dérobent; mais amassez-vous des trésors dans le ciel, où la teigne et la rouille ne détruisent point, et où les voleurs ne percent ni ne dérobent. Car là où est ton trésor, là aussi sera ton cœur.»

Je pense à cet Arabe qui a investi dans une banque suisse. Si la Suisse était envahie par une puissance étrangère et le système bancaire pris en otage – disons par un coup d'Etat communiste –, cet homme ne pourrait plus dormir car, là où est son trésor, son cœur y est aussi. Jésus dit: «Il n'y a pas d'endroit totalement sûr dans ce monde ni dans le système mondial et son système bancaire pour vos investissements.» Alors il nous dit: «N'investissez pas dans un endroit qui n'est pas vraiment sûr.» C'est très sage et très concret. Il dit: «Investissez dans quelque chose qui est garanti, qui est sûr, qui ne peut pas être détourné par un gouvernement étranger, où la banque ne peut pas être cambriolée ni les lingots volés. Investissez dans le royaume de Dieu, investissez dans le ciel et dans les projets de Dieu.»

«Ne vous inquiétez donc point, et ne dites pas: Que mangerons-nous? que boirons-nous? de quoi serons-nous vêtus? Car toutes ces choses, ce sont les païens qui les recherchent. Votre Père céleste sait que vous en avez besoin (c'est toujours une bénédiction pour moi de savoir que Dieu sait exactement ce dont j'ai besoin. Je ne dois pas lui rappeler mes besoins. Je dois remplir ses conditions et il pourvoit à mes besoins; et voici la condition que Jésus dit que nous devons remplir:) Cherchez premièrement le royaume et la justice de Dieu et toutes ces choses vous seront données par-dessus (en clair, c'est une question de priorité. Si vous donnez la bonne priorité à la cause de Dieu, l'œuvre de Dieu, le royaume de Dieu, si vous y investissez, si vous vous y consacrez, alors vous n'aurez pas à vous inquiéter des autres choses que Dieu connaît. Il prendra soin de vous. Ne vous inquiétez donc de rien); car le lendemain aura soin de lui-même. A chaque jour suffit sa peine.» (versets 31-34)

N'est-ce pas vrai? Combien d'entre vous veulent contester cette affirmation? A chaque jour suffit sa peine. Jésus est si réaliste qu'il dit: «Ne gâchez pas votre journée en vous inquiétant pour les problèmes de demain.» Et je dois dire sur le fondement de quarante ans d'expérience ou plus que cela fonctionne. Je l'ai fait; j'ai cherché le royaume de Dieu, et Dieu s'est occupé fidèlement de moi et a pourvu à mes besoins et à ceux de ma grande famille aussi.

Investir dans le royaume de Dieu, c'est aussi semer. Paul dit, dans 2 Corinthiens 9:6-8 en parlant du don d'argent pour le royaume de Dieu:

«Sachez-le, celui qui sème peu moissonnera peu, et celui qui sème abondamment moissonnera abondamment. Que chacun donne comme il l'a résolu en son cœur, sans tristesse ni contrainte; car Dieu aime celui qui donne avec joie. Et Dieu peut vous combler de toutes sortes de grâces, afin que, possédant toujours en toutes choses de quoi satisfaire à tous vos besoins, vous ayez encore en abondance pour toute bonne œuvre.»

C'est encore une fois la sécurité financière totale. En tout temps, en toutes choses vous avez tout ce dont vous avez besoin, et même plus que ce dont vous avez besoin. Vous pouvez avoir encore en abondance pour toute bonne œuvre. Puis Paul dit dans Galates 6:7-8a:

«Ne vous y trompez pas: on ne se moque pas de Dieu. Ce qu'un homme aura semé, il le moissonnera aussi. Celui qui sème pour sa chair moissonnera de la chair la corruption…»

Celui qui sème par l'Esprit pour lui plaire moissonnera la vie éternelle. Ce que nous semons, nous le récoltons. C'est vrai dans le domaine financier. C'est vrai des euros et des centimes. Si nous semons pour le royaume de Dieu, alors nous moissonnerons du royaume de Dieu en proportion de ce que nous avons semé.

Un contraste existe entre les deux royaumes, le royaume de Dieu dans lequel nous sommes invités et les royaumes de ce monde. Nous le lisons dans Hébreux 12:26-28:

> «... dont la voix alors ébranla la terre, et qui maintenant a fait cette promesse: Une fois encore j'ébranlerai non seulement la terre, mais aussi le ciel.» (versets 26-27)

L'expression «une fois encore» indique l'enlèvement de ce qui peut être ébranlé, c'est-à-dire les choses créées (les royaumes terrestres), et ce qui ne peut pas être ébranlé demeurera. C'est le royaume de Dieu qui ne peut pas être ébranlé.

> «C'est pourquoi, recevant un royaume inébranlable, montrons notre reconnaissance en rendant à Dieu un culte qui lui soit agréable, avec piété et avec crainte.» (verset 28)

Nous avons donc l'alternative que propose l'Ecriture. Nous pouvons investir dans des royaumes, des gouvernements, des systèmes, des institutions dont Dieu nous dit qu'ils vont être ébranlés. Ces dernières années, nous avons vu beaucoup d'institutions ébranlées. Beaucoup de choses que nous considérions comme sûres et fiables ont révélé qu'elles offraient peu de sécurité. La vérité de l'Ecriture nous rappelle que nous avons ce choix. Nous pouvons investir dans les royaumes de ce monde ou dans celui de Dieu. Tout ce qui sera investi dans le royaume de ce monde sera en fin de compte peu fiable. Voici une image de ce qui va arriver sur terre quand Dieu ébranlera tous les royaumes de ce monde:

> «En ce jour, les hommes jetteront leurs idoles d'argent et leurs idoles d'or, qu'ils s'étaient faites pour les adorer, aux rats et aux chauves-souris; et ils entreront dans les fentes des rochers et dans les creux des pierres, pour éviter la terreur de l'Eternel et l'éclat de sa majesté quand il se lèvera pour effrayer la terre.» (Esaïe 2:20-21)

A ce moment-là, quand tout ce qui pourra être ébranlé le sera, les hommes vont réaliser qu'ils ont investi au mauvais endroit. Ils prendront alors tout leur or et leur argent dans lesquels ils s'étaient confiés, sur lesquels ils comptaient pour leur sécurité et, avec mépris et dégoût, ils les jetteront aux rats et aux chauves-souris. Alors je vous conseille de ne pas investir dans quelque chose qui, en fin de compte, ne donne pas la sécurité. Investissez dans le royaume de Dieu.

Chapitre douze

LA SÉCURITÉ SOCIALE DE DIEU

Le concept de la sécurité sociale[3] mis en place par un gouvernement pour ses citoyens est devenu un modèle social accepté dans la plupart des systèmes sociaux du monde occidental. En fait, aujourd'hui les gens parlent d'une sécurité sociale qui va de la naissance à la mort. Le système consiste à payer des taxes et autres contributions au gouvernement, des sommes considérables déduites de ce que vous avez gagné, de ce que vous avez produit par votre travail, et le gouvernement en retour accepte de vous prendre en charge si vous en avez besoin. Si vous êtes malade, si vous ne pouvez pas travailler ou si vous arrivez à la retraite, cela s'appelle la sécurité sociale.

Malheureusement, cette sécurité sociale est déjà bien érodée par l'inflation, et nombre de retraités aujourd'hui ayant investi dans le gouvernement n'ont pas en retour tout le confort et l'honneur dus à leur grand âge. C'est un simple exemple du peu de confiance de l'investissement dans un système humain. Je ne suis pas opposé à la sécurité sociale, mais je dis simplement que c'est une sécurité très limitée.

---

[3] N.d.é.: Dans certains pays, le système est différent, les gens devant s'assurer eux-mêmes auprès d'une caisse de maladie ou de prévoyance privée et payant eux-mêmes leurs cotisations au lieu que ces dernières soient prélevées directement de leur salaire. Cependant le principe, même si quelque peu différent, est fort ressemblant.

Le besoin d'avoir cette sécurité est réel. Soyons réalistes. Mais Dieu nous l'offre sur des fondements différents, c'est-à-dire que la manière dont il nous offre la sécurité est très simple: elle est spirituelle et c'est la foi. La foi qui agit par amour. Je vous le dis une nouvelle fois, parce que c'est le véritable fondement de la sécurité dans les choses matérielles et financières. C'est la foi en Dieu, la foi dans sa Parole et la foi qui s'exprime par des actes d'amour envers Dieu et envers ceux que Dieu met sur notre chemin pour les aider. Dans le Psaume 112, le psalmiste nous donne une image de la justice de l'homme selon les critères de Dieu, selon l'Ecriture. Voyez combien il est souligné qu'il faut faire le bien envers les pauvres et aider ceux qui en ont besoin. C'est une part essentielle de l'image de justice de la Bible. Malheureusement, je crois que cela a été oublié par de nombreux chrétiens et par certaines églises, mais la Bible nous le rappelle:

> «Heureux l'homme qui craint l'Eternel, qui trouve un grand plaisir à ses commandements! Sa postérité sera puissante sur la terre, la génération des hommes droits sera bénie. Il a dans sa maison bien-être et richesse, et sa justice subsiste à jamais (tout cela est l'un des fruits de la crainte de l'Eternel). [...] Heureux l'homme qui exerce la miséricorde et qui prête, qui règle ses actions d'après la justice (être généreux et donner généreusement est une partie de la justice biblique)! Car il ne chancelle jamais (parce qu'il a investi dans un

royaume qui ne peut être ébranlé); la mémoire du juste dure à toujours (grâce à ses actes miséricordieux). [...] Son cœur est ferme (c'est la sécurité profonde intérieure et permanente); il n'a point de crainte, jusqu'à ce qu'il mette son plaisir à regarder ses adversaires. Il fait des largesses, il donne aux indigents; sa justice subsiste à jamais; sa tête s'élève avec gloire.» (Psaume 112:1-3, 5-6, 8-9)

Remarquez encore une fois le lien entre la justice et le fait de donner aux pauvres. Parce que cet homme a partagé ses biens avec les pauvres, sa justice subsistera pour toujours et Dieu prendra la totale responsabilité de son bien-être. Ici sont soulignés la générosité, le prêt et le don.

«Celui qui a pitié du pauvre prête à l'Eternel, qui lui rendra selon son œuvre.» (Proverbe 19:17)

C'est très important. Quand nous donnons aux pauvres avec de bonnes motivations, avec la foi qui agit dans l'amour, nous prêtons à l'Eternel. La Bible garantit que, ce que nous prêtons à l'Eternel, il nous le rend. Par expérience et de ce que j'ai vu, je peux vous affirmer que le Seigneur paie des taux d'intérêt très élevés sur ce que nous lui prêtons quand nous donnons aux pauvres. Souvenez-vous-en, en aidant les pauvres, vous prêtez au Seigneur.

Dans Ecclésiaste 11:1-2, nous lisons ce conseil:

«Jette ton pain sur la face des eaux, car avec le temps tu le retrouveras; donnes-en une part à sept et même à huit, car tu ne sais pas quel malheur peut arriver sur la terre.»

Remarquez que c'est la façon par laquelle l'Ecriture nous prépare à un possible futur désastre. Ce n'est pas la façon dont la plupart des gens de ce monde pensent s'y préparer. «Jette ton pain sur la face des eaux, donne librement et laisse les eaux l'emporter, car après plusieurs jours tu le retrouveras.» Je l'ai vu s'accomplir dans ma vie de nombreuses fois. J'ai agi, j'ai fait un acte de miséricorde. J'ai aidé quelqu'un et, quand je n'y songeais plus, dix ou vingt ans plus tard, Dieu a laissé ce pain revenir à moi avec les eaux. Et j'ai reçu les bénéfices de ce que j'avais donné aux autres.

«Donnes-en une part à sept et même à huit.» Sept, c'est juste l'accomplissement du devoir; huit, c'est aller un peu plus loin. «Car tu ne sais pas quel malheur peut arriver sur la terre.» Autrement dit, donner aux pauvres et à ceux qui sont dans le besoin, c'est payer à Dieu la taxe sur la sécurité sociale. Quand vous le faites, il n'y a pas d'inflation dans le royaume de Dieu. Vous retrouverez ce dont vous avez besoin quand vous en aurez besoin. Si vous êtes malade, si vous êtes âgé, si vous êtes dans une situation de besoin, vous pouvez tourner votre cœur vers Dieu et dire: «Seigneur, j'ai donné aux pauvres, j'ai jeté mon pain à la surface de l'eau. Je suis dans le besoin, je te rappelle simplement les promesses de ta parole.» C'est la sécurité sociale de Dieu.

Les bénéfices de ce genre de sécurité sociale consistant à investir dans ce que Dieu demande, à savoir donner aux pauvres et aider les autres, vont bien au-delà du temps jusque dans l'éternité. J'aimerais lire une parabole peu courante de Jésus sur le gestionnaire qui a trompé son maître pour préparer son propre avenir. Dans Luc 16:1-8, Jésus dit à ses disciples:

«Un homme riche avait un économe, qui lui fut dénoncé comme dissipant ses biens. Il l'appela, et lui dit: Qu'est-ce que j'entends dire de toi? Rends compte de ton administration, car tu ne pourras plus administrer mes biens (il était sur le point de perdre son travail et il n'avait pas d'autre source de revenu). L'économe dit en lui-même: Que ferai-je, puisque mon maître m'ôte l'administration de ses biens? Travailler à la terre? je ne le puis. Mendier? j'en ai honte. Je sais ce que je ferai, pour qu'il y ait des gens qui me reçoivent dans leurs maisons quand je serai destitué de mon emploi. Et, faisant venir chacun des débiteurs de son maître, il dit au premier: Combien dois-tu à mon maître? Cent mesures d'huile, répondit-il. Et il lui dit: Prends ton billet, assieds-toi vite, et écris cinquante. Il dit ensuite à un autre: Et toi, combien dois-tu? Cent mesures de blé, répondit-il. Et il lui dit: Prends ton billet, et écris quatre-vingts. Le maître loua l'économe infidèle de ce qu'il avait agi prudemment. Car les enfants de ce siècle sont plus prudents à l'égard de leurs semblables que ne le sont les enfants de lumière.»

C'est une étrange histoire, n'est-ce pas? L'économe a disposé de l'argent qui n'était pas à lui afin de gagner la sympathie de personnes qui l'accueilleront quand il n'aura plus de travail. Jésus ne l'a pas condamné pour sa malhonnêteté, mais il l'a loué pour sa prudence. Nous devons apprendre cette leçon. Nous devons apprendre à lâcher de l'argent qui nous donnera des amis quand nous ne pourrons plus nous occuper de nous-mêmes. Les amis que nous nous serons faits avec notre argent nous accueilleront, dit Jésus, dans des demeures éternelles.

Comprenez-vous la leçon? C'est si beau, si vous la saisissez. Votre argent n'est pas le vôtre si vous êtes un enfant de Dieu; vous êtes juste un régisseur, un économe de l'argent de Dieu. Jésus dit qu'il est bien dans le royaume de Dieu d'abandonner cet argent à des gens qui vont l'investir dans le Royaume. Quand vous arriverez à la fin de votre vie, les gens dans lesquels vous avez investi, les missionnaires que vous avez soutenus, les âmes que vous avez sauvées à travers vos dons aux différentes causes chrétiennes seront là dans l'éternité, vous attendant, vous disant merci des cent dollars que vous avez envoyés à ce missionnaire. La conséquence est que cette personne a été sauvée. Elle a une demeure éternelle au ciel et elle veut vous inviter à y venir.

C'est une étrange parabole, mais elle a une signification très profonde. Je regarde avec beaucoup de satisfaction l'argent que j'ai pu investir par la grâce de Dieu durant ces années dans les différents ministères et les œuvres qui ont amené des âmes dans le royaume de Dieu. Je sais que, si je demeure fidèle, un jour, quand je serai à la fin de ma vie, je serai sans force quand je passerai de ce temps à l'éternité, ces gens à qui j'ai donné l'argent de Dieu m'accueilleront dans la demeure éternelle.

Chapitre treize

LA SÉCURITÉ PAR L'OBÉISSANCE À LA VOLONTÉ DE DIEU

Etudions à présent un genre de sécurité qui couvre tous les domaines de notre vie, la sécurité qui nous vient en faisant la volonté de Dieu.

> «Car tout ce qui est dans le monde, la convoitise de la chair, la convoitise des yeux, et l'orgueil de la vie, ne vient point du Père, mais vient du monde. Et le monde passe, et sa convoitise aussi; mais celui qui fait la volonté de Dieu demeure éternellement.» (1 Jean 2:16-17)

Quand nous étudions le sujet de savoir où trouver la sécurité dans la Bible, il nous est constamment rappelé qu'il existe deux royaumes différents: le temporel, le temporaire, celui qui passe, celui qui n'apporte pas la sécurité, et l'éternel, le domaine de Dieu et de son Royaume. Dans le passage que nous venons de lire, nous trouvons ce contraste qui nous parle de tout ce qui est dans le monde. Jean décrit trois sortes de motivations qui nous animent: la convoitise de la chair, la convoitise des yeux et l'orgueil de la vie. Il déclare: «Tout cela ne vient pas du Père, mais du monde.» Il dit encore: «Le monde passe, il est temporaire, il ne durera pas. Il ne doit et ne peut pas nous offrir de sécurité permanente.»

Il existe cependant un autre genre de sécurité. Jean dit: «Celui qui fait la volonté de Dieu subsiste éternellement.» Quelle merveilleuse affirmation! Si vous faites la volonté de Dieu, vous subsisterez éternellement. Vous ne serez jamais vaincu, votre sécurité ne vous sera jamais enlevée, rien ne pourra jamais vous vaincre ni vous résister. Quand vous disposez votre cœur, votre esprit et votre volonté pour faire la volonté de Dieu, vous êtes uni à la volonté de Dieu. C'est cette dernière qui va prévaloir sur toutes les autres forces de l'univers. Si vous êtes uni par votre décision et votre engagement à la volonté de Dieu, alors vous aurez l'avantage avec la volonté de Dieu et sa force deviendra la vôtre parce que vous faites sa volonté.

Etudions un instant le modèle de Jésus quant à la motivation de faire la volonté de Dieu. Dans Jean 6:38, il dit:

«Car je suis descendu du ciel pour faire
non ma volonté, mais la volonté de celui
qui m'a envoyé.»

La seule motivation de Jésus était de faire la volonté de Dieu le Père. Il existe un exemple intéressant de ce que cela signifie. Dans Jean 4, Jésus se reposait près du puits de Jacob. Ses disciples étaient allés dans la ville d'à côté pour acheter de la nourriture. Ils avaient donc besoin de nourriture. C'est là que la femme samaritaine arrive et que Jésus lui parle de l'eau de la vie éternelle. Cette femme en arrive à une sorte d'engagement avec Jésus. C'est alors que les disciples reviennent avec la nourriture qu'ils ont achetée:

> «Pendant ce temps, les disciples le pressaient de manger, disant: Rabbi, mange. Mais il leur dit: J'ai à manger une nourriture que vous ne connaissez pas. Les disciples se disaient donc les uns aux autres: Quelqu'un lui aurait-il apporté à manger? (Ils étaient étonnés, parce qu'ils savaient que, lorsqu'ils étaient partis en ville, Jésus avait faim et avait besoin de nourriture. Une fois qu'ils reviennent avec la nourriture, il n'a plus besoin de manger. Où a-t-il trouvé la nourriture?) Jésus leur dit: Ma nourriture est de faire la volonté de celui qui m'a envoyé et d'accomplir son œuvre.» (Jean 4:31-34)

N'est-ce pas une affirmation incroyable? Qu'est-ce que la nourriture signifie pour nous? C'est notre source de force et de soutien. Jésus dit: «J'ai une autre source qui n'est pas naturelle, celle de faire la volonté de Dieu, mon Père. Quand je la fais, cela me donne de la force et de la vitalité.» En faisant la volonté de Dieu, Jésus était complètement en sécurité. Dans les Evangiles, nous lisons à différents endroits comment ses ennemis ont essayé de le tuer. Mais ils n'ont pas pu, parce que ce n'était pas la volonté de Dieu pour lui, ni le lieu ni l'heure.

Nous lisons par exemple dans Jean 7:30:

«Ils cherchaient donc à se saisir de lui, et
personne ne mit la main sur lui parce que
son heure n'était pas encore venue.»

Il n'était pas protégé par des gardes armés. Il
était là, vulnérable sur le plan naturel, mais personne
ne pouvait le toucher parce que son heure n'était pas
encore venue. Il s'était engagé à faire la volonté de
Dieu et, jusqu'à ce que cette dernière soit accomplie
dans sa vie, il était invincible. Luc 4:28-30 nous
raconte également un incident survenu dans sa propre
ville, Nazareth, après qu'il a parlé aux gens de la
synagogue et qu'il les a mis en colère par ses paroles:

«Ils furent tous remplis de colère dans la
synagogue, lorsqu'ils entendirent ces
choses. Et, s'étant levés, ils le chassèrent
de la ville, et le menèrent jusqu'au
sommet de la montagne sur laquelle leur
ville était bâtie, afin de le précipiter en
bas. Mais Jésus, passant au milieu d'eux,
s'en alla.»

Il n'avait pas de garde du corps, mais il y avait
quelque chose avec lui qui le rendait invincible.
Personne ne pouvait le détruire ni poser la main sur lui,
car il était engagé à faire la volonté de Dieu. Et,
jusqu'à ce qu'il l'ait faite, on ne pouvait le vaincre.

Observez par opposition la scène à Gethsémané,
quand le temps est venu pour lui d'être arrêté, emmené
et crucifié. Lorsque les hommes sont venus l'arrêter,
voici ce qu'il dit:

«L'heure est venue: voici, le Fils de l'homme est livré aux mains des pécheurs.» (Marc 14:41b)

Cela ne pouvait pas se passer avant que le temps prévu par Dieu soit venu. Jusqu'à ce moment, il était absolument invincible. Vous et moi pouvons suivre ce modèle et pouvons également être invincibles, intouchables si nous sommes totalement unis à la volonté de Dieu. Si notre motivation est de faire la volonté de Dieu, alors nous serons en sécurité aussi forts et irrésistibles dans ce monde que la volonté de Dieu elle-même. Il est important de voir que chacun d'entre nous peut s'engager à faire la volonté de Dieu, comme Jésus l'a fait. Lisons une image prophétique de Jésus citée dans l'épître aux Hébreux. Ce n'est pas seulement une image de Jésus. Si nous prenons les mêmes décisions et le même engagement, ce peut être une image de vous et de moi:

«Alors je dis: Voici, je viens; dans le rouleau du livre il est question de moi. Je veux faire ta volonté, mon Dieu! Et ta loi est au fond de mon cœur.» (Psaume 40:8-9)

L'auteur de l'épître aux Hébreux explique que ces paroles ont été accomplies en Jésus. Nous avons déjà vu que Jésus a lui-même dit: «Je suis venu du ciel non pour accomplir ma propre volonté, mais la volonté de celui qui m'a envoyé.» Ici, prophétiquement, nous anticipons: «Voici, je viens; dans le rouleau du livre il est question de moi.» Dans le rouleau prophétique, qui révèle la volonté de Dieu, le cours de la vie de Jésus, son œuvre, son destin, ce qu'il devait faire, tout était écrit. Son objectif était d'accomplir ce qui était écrit dans le rouleau. En un sens, c'est comme un acteur qui a son rôle écrit et qui a la responsabilité de le jouer. Il ne doit pas improviser, il n'a pas à inventer des choses, il doit simplement exprimer ce que l'auteur a écrit pour son rôle. Mieux il l'exprime, meilleur acteur il est.

C'est la même chose pour faire la volonté de Dieu. Le scénario est déjà écrit. Nous devons le trouver. Dans Ephésiens 2:10, Paul dit: «Car nous sommes son ouvrage, ayant été créés en Jésus-Christ pour de bonnes œuvres, que Dieu a préparées d'avance, afin que nous les pratiquions.» C'est la volonté de Dieu, ce n'est pas quelque chose à improviser, mais c'est quelque chose qui est déjà préparé. Je pense que, dans le rouleau du livre éternel de Dieu, quelque part il y a un modèle écrit pour votre vie. Le rôle est déjà écrit. Le scénario est là. Vous n'avez pas à improviser. Ce que vous avez à faire, c'est d'être comme Jésus. Dites: «Seigneur, me voici, je viens à toi. Je m'engage envers toi. Tout mon but dans la vie est de faire ce qui est écrit pour moi dans le rouleau de ton livre.» Quand vous le faites, vous êtes aussi invincible et invulnérable que Jésus lui-même. Personne ne pouvait le toucher, personne ne pouvait l'arrêter tant qu'il marchait dans le rôle qui avait été écrit dans le scénario de Dieu. Il est si important que chacun d'entre nous le considère. Nous ne sommes pas, comme quelqu'un l'a dit, un accident né du hasard. Nous sommes la création de Dieu, sa nouvelle création en Christ. Il nous a créés pour faire quelque chose de spécifique. Il y a un rôle et une partie spécifiques pour chacun d'entre nous. La véritable sécurité dans la vie vient de notre engagement envers Dieu, en trouvant le rôle qu'il a pour nous et en l'accomplissant, en marchant dans cette voie jour après jour, étape par étape, toujours avec cela dans le cœur. Voilà pourquoi je suis ici, pour faire la volonté de Dieu.

Chapitre quatorze

COMMENT ÊTRE INVINCIBLE

J'aimerais maintenant illustrer ce principe que nous venons de voir dans la vie de l'un des serviteurs de Dieu de l'Ancien Testament, Josué. En lisant le titre de ce chapitre, j'aimerais que vous compreniez que, vous aussi, vous pouvez être invincible. Vous et moi pouvons être invincibles si nous appliquons les principes contenus dans ce message.

Josué a passé quarante ans dans le désert à servir Moïse. Dans cette position de serviteur, il se préparait à devenir un responsable. Au décès de Moïse, Josué est devenu le successeur désigné par Dieu; il a pris la direction du peuple d'Israël:

> «Après la mort de Moïse, serviteur de l'Eternel, l'Eternel dit à Josué, fils de Nun, serviteur de Moïse: Moïse, mon serviteur, est mort; maintenant, lève-toi, passe ce Jourdain, toi et tout ce peuple, pour entrer dans le pays que je donne aux enfants d'Israël. Tout lieu que foulera la plante de votre pied, je vous le donne, comme je l'ai dit à Moïse. Vous aurez pour territoire depuis le désert et le Liban jusqu'au grand fleuve, le fleuve de l'Euphrate, tout le pays des Héthiens, et jusqu'à la grande mer vers le soleil couchant (c'est la mer Méditerranée). Nul

ne tiendra devant toi, tant que tu vivras (notez bien ces paroles). Je serai avec toi, comme j'ai été avec Moïse; je ne te délaisserai point, je ne t'abandonnerai point. Fortifie-toi et prends courage, car c'est toi qui mettras ce peuple en possession du pays que j'ai juré à leurs pères de leur donner. Fortifie-toi seulement et aie bon courage, en agissant fidèlement selon toute la loi que Moïse, mon serviteur, t'a prescrite; ne t'en détourne ni à droite ni à gauche, afin de réussir dans tout ce que tu entreprendras. Que ce livre de la loi ne s'éloigne pas de ta bouche; médite-le jour et nuit, pour agir fidèlement selon tout ce qui y est écrit; car c'est alors que tu auras du succès dans tes entreprises, c'est alors que tu réussiras. Ne t'ai-je pas donné cet ordre: Fortifie-toi et prends courage? Ne t'effraie point et ne t'épouvante point, car l'Eternel, ton Dieu, est avec toi dans tout ce que tu entreprendras.» (Josué 1:1-9)

C'était la mission de Josué, donnée personnellement par l'Eternel. J'aimerais maintenant vous en faire remarquer certains traits importants qui sont pertinents pour nos vies. Tout d'abord Dieu confie une tâche à Josué. Il lui dit: «Tu vas conduire ce peuple pour hériter du pays.» C'était sa mission. Vous vous souvenez que nous avons vu qu'il y avait un rouleau dans le livre de Dieu et que, sur ce rouleau, Dieu avait une mission pour chacun d'entre nous, un rôle à jouer. Il en était ainsi pour Josué; son rôle, sa mission, était de conduire les Israélites dans la Terre promise. Nous devons commencer par le fait que nous avons une mission. C'est le fondement de notre sécurité.

Il avait une source de force particulière. Sa force dépendait de la loi de Dieu, de la parole de Dieu: «Que ce livre de la loi ne s'éloigne pas de ta bouche; médite-le jour et nuit afin d'agir fidèlement selon tout ce qui y est écrit.» Je l'ai souvent interprété ainsi: «Pense à la loi, énonce la loi, agis selon la loi.» Ces mêmes principes s'appliquent à nous. La parole de Dieu est valable pour nous. Nous devons faire la même chose. Nous devons y penser, la méditer, l'énoncer; elle doit être dans notre bouche. Nous devons agir selon elle, nous devons la vivre. Ce sont les exigences de fond.

Sur ce fondement, il est demandé à Josué d'être fort et courageux. Je ne sais pas si vous avez remarqué combien de fois l'Eternel lui dit d'être fort et courageux. L'Eternel lui dit: «Fortifie-toi et prends courage», «Fortifie-toi seulement et aie bon courage» et: «Fortifie-toi et prends courage.» Quand Dieu nous dit d'être forts et courageux, c'est vraiment encourageant, c'est merveilleux. «Dieu me dit d'être fort et courageux!» Dieu nous le dit toujours pour une bonne raison. Cela signifie que nous allons nous trouver dans des situations dans lesquelles nous aurons besoin de force et de courage. Cela nous encourage, mais c'est aussi un avertissement. Tout comme Josué avait besoin d'être fort et courageux pour accomplir la mission que Dieu lui avait donnée, de même nous allons avoir besoin d'être forts et courageux si nous voulons accomplir la mission que Dieu nous a confiée.

Sur ce fondement, Dieu a promis qu'il serait avec Josué partout. Il lui garantit sa présence personnelle tout au long de sa vie. Il lui dit: «Je serai avec toi, comme j'ai été avec Moïse; je ne te délaisserai pas, je ne t'abandonnerai pas» et: «L'Eternel, ton Dieu, est avec toi dans tout ce que tu entreprendras.» C'est aussi pour nous. Si nous remplissons les conditions, Dieu nous dit: «Je serai avec toi tout le temps. Je ne t'abandonnerai pas, je ne te délaisserai pas.» Quand tout est établi dans nos vies, nous devenons invincibles. C'est ainsi qu'était Josué.

«Nul ne tiendra devant toi, tant que tu vivras.» Cela n'est vrai que si nous marchons dans la volonté de Dieu car, si vous marchez dans la volonté de Dieu, alors tout ce qui s'oppose à vous s'oppose à Dieu. Si vous sortez de sa volonté, vous perdez automatiquement votre invulnérabilité. Quand vous êtes dans la volonté de Dieu et que vous remplissez ces conditions, en accomplissant la mission que Dieu vous a confiée, en pensant selon la parole de Dieu, en la proclamant et en la vivant, en marchant dans l'obéissance dans un engagement total, alors c'est autant vrai pour vous et moi que pour Josué. Personne ne pourra se tenir devant vous durant toute votre vie.

J'aimerais prendre Josué comme modèle pour vous et moi et vous démontrer comment nous devons appliquer les principes que l'Eternel a établis pour Josué. Nous devons nous rappeler trois choses. D'abord nous devons fonder nos vies sur la parole de Dieu. C'était l'instruction de Dieu pour Josué. «Que ce livre de la loi ne s'éloigne pas de ta bouche, médite-le jour et nuit afin d'agir fidèlement selon tout ce qui y est écrit.» Je l'ai déjà résumé, mais c'est si important que je vais le répéter. **Pensez** à la parole de Dieu. **Proclamez**-la. **Agissez** selon la parole de Dieu. C'est la condition de fond.

Ensuite nous devons être forts et courageux. C'est aussi vrai pour vous et moi que cela l'était pour Josué. Dieu a pourvu pour nous afin que nous soyons forts et courageux. C'est la provision du Saint-Esprit. C'est ce que Paul dit à son disciple Timothée:

> «Car ce n'est pas un esprit de timidité que Dieu nous a donné, mais un esprit de force, d'amour et de sagesse.» (2 Timothée 1:7)

Si nous marchons dans le Saint-Esprit, si nous sommes remplis du Saint-Esprit, alors il prend en charge la timidité. Il n'y a pas de place pour la timidité. Le Saint-Esprit est l'Esprit de puissance, d'amour et de sagesse. Il exclut l'esprit de timidité.

Enfin le dernier principe tout aussi important, que nous voyons clairement illustré chez Josué, est que nous devons avancer et non pas reculer. Nous ne pouvons pas retourner en arrière, nous devons aller de l'avant. Nous ne pouvons pas nous focaliser sur notre propre protection et nous préserver. Nous devons nous centrer sur le fait d'avancer dans la volonté de Dieu. Lisons les paroles de Jésus à la fin de l'Evangile de Matthieu, quand il envoie ses disciples:

> «Jésus, s'étant approché, leur parla ainsi: Tout pouvoir m'a été donné dans le ciel et sur la terre (c'est le point de départ pour la

suite de son discours. Nous devons comprendre clairement que Jésus est maintenant Roi des rois et Seigneur des seigneurs. Il est à la droite de Dieu. Toute autorité lui est donnée). Allez, faites de toutes les nations des disciples, les baptisant au nom du Père, du Fils et du Saint-Esprit, et enseignez-leur à observer tout ce que je vous ai prescrit. Et voici, je suis avec vous tous les jours, jusqu'à la fin du monde.» (Matthieu 28:18-20)

Remarquez qu'il s'agit exactement de la même promesse qui nous est donnée à vous et à moi; si nous obéissons à l'ordre de Jésus, si nous nous décidons, nous allons faire la volonté de Dieu. Nous n'allons pas avoir peur, nous n'allons pas battre en retraite, nous n'allons pas nous concentrer sur notre propre protection. Nous avons une mission, celle d'amener l'Evangile du Royaume à toutes les nations du monde et de faire des disciples de toutes les nations. Nous avons derrière nous l'autorité de Jésus lui-même. Jésus sur le trône nous couvre de son ombre, nous protège, pourvoit à nos besoins et nous assiste, mais seulement si nous obéissons à la mission qu'il nous a confiée.

Chapitre quinze

LA SÉCURITÉ DANS L'ADVERSITÉ

Illustrons maintenant ce même principe dans la vie d'un grand serviteur de Dieu du Nouveau Testament, l'apôtre Paul. Paul est dans l'adversité. Sur le plan naturel, tout est allé de travers. Les choses qui lui étaient chères et précieuses lui ont été retirées. Soyons clairs, tôt ou tard la plupart d'entre nous se trouveront dans une situation d'adversité. Il se peut que ce ne soit pas la même situation que celle de Paul, mais tôt ou tard nous serons confrontés à l'adversité et nous devons être sûrs que nous possédons cette sécurité qui ne nous fera pas défaut quand elle surviendra, qui sera là dans la solitude, les situations dures et difficiles.

Etudions l'image de Paul qui se trouve dans 2 Timothée, tout particulièrement dans le dernier chapitre. Nous devons souligner ici que, sur le plan naturel, tout était contre Paul. Il était dans une prison romaine, il devait être jugé par l'un des dirigeants les plus méchants et les plus corrompus qui soient, Néron, et il était presque certain d'être condamné à la peine capitale, et tant d'autres choses encore. C'était un homme âgé, ses forces faiblissaient peut-être, il faisait froid dans la prison, il n'avait pas les vêtements appropriés. Tout était contre lui. Je résume un peu. Il a tout d'abord été laissé seul sans ses partenaires. C'est ce qu'il écrit à Timothée:

«Viens au plus tôt vers moi; car Démas m'a abandonné, par amour pour le siècle présent, et il est parti pour Thessalonique (quelle amère déception. L'un des plus proches amis de Paul, son collaborateur le plus fidèle, est revenu sur son engagement pas seulement envers Paul, mais aussi envers Christ, et est retourné dans le monde. D'autres sont partis pour d'autres raisons); Crescens est allé en Galatie, Tite en Dalmatie. Luc seul est avec moi (un seul homme est resté avec lui, et c'est Luc, le médecin bien-aimé). […] Eraste (un autre collaborateur) est resté à Corinthe et j'ai laissé Trophime malade à Milet.» (2 Timothée 4:9-10, 20)

Encore une autre amère déception. Même le grand apôtre Paul n'a apparemment pas vu ses prières exaucées pour Trophime. Il a donc dû laisser ce collaborateur de confiance à Milet. De plus il a été amèrement blessé par ses ennemis. Sans amertume, mais dans une réalité très objective, il écrit ceci:

«Alexandre, le forgeron, m'a fait beaucoup de mal. Le Seigneur lui rendra selon ses œuvres (Paul dit ici qu'il ne va pas chercher la vengeance, mais que tout est entre les mains de Dieu). Garde-toi aussi de lui, car il s'est fortement opposé à nos paroles (Paul avait beaucoup d'ennemis actifs et puissants, et il a été abandonné par ses amis. C'est une chose d'avoir vos ennemis contre vous, mais il est bien plus éprouvant d'être abandonné par vos amis). Dans ma première défense (quand j'ai comparu pour la première fois devant l'empereur), personne ne m'a assisté, mais tous m'ont abandonné (n'est-ce pas une terrible affirmation?). Que cela ne leur soit pas imputé!» (versets 14-16)

Il n'avait pas non plus de vêtement ni d'équipement adéquats.

«Quand tu viendras, apporte le manteau que j'ai laissé à Troas chez Carpus (en lisant ces paroles, je vois Paul dans ce donjon de pierre, l'hiver arrivant et sans vêtement chaud. Il était humain comme nous. L'une des choses que j'ai le plus de mal à supporter est, je dois l'avouer, le froid. Quand Paul relate ailleurs dans ses écrits qu'il a dû endurer le froid et la nudité, j'en ai des frissons. Ici il était sans vêtement approprié ni accessoire contre le froid dans cette cellule où l'hiver arrivait), et les livres, surtout les parchemins.» (verset 13)

Pourquoi voulait-il les livres et les parchemins? Il voulait écrire des lettres et il n'avait pas de quoi le faire. Quel genre de lettre croyez-vous qu'il voulait rédiger? Des lettres pour se plaindre de sa situation? J'en doute. Je crois qu'il s'inquiétait pour les églises chrétiennes et les disciples qu'il connaissait dans différentes parties du monde, et il voulait leur écrire pour les consoler, les encourager. Son esprit n'était pas du tout centré sur lui. C'est l'image de Paul à la fin de sa vie dans l'adversité.

Demandons-nous dans cette situation quelle était l'attitude de Paul. Il l'affirme lui-même dans 2 Timothée 4:6-8:

«Car, pour moi, je sers déjà de libation, et
le moment de mon départ approche.»

Je me demande si vous voyez l'image. Dans les sacrifices de l'Ancien Testament, on devait offrir avec chaque animal une offrande de vin. Le sacrifice de l'animal n'était pas complet tant qu'il n'y avait pas le vin. Paul dit: «J'ai offert au Seigneur le sacrifice de mon travail, les disciples que j'ai faits, les églises que j'ai fondées et, pour que le sacrifice soit complet, ma propre vie est répandue comme le vin offert.» Alors il dit: «Car, pour moi, je sers déjà de libation, et le moment de mon départ approche.» Remarquez l'expression «le moment de mon départ approche». Souvenez-vous que rien ne peut nous atteindre tant que nous marchons dans la volonté de Dieu avant que le temps de Dieu n'arrive.

«J'ai combattu le bon combat, j'ai achevé
la course, j'ai gardé la foi.»

J'aimerais vous dire, cher ami, que, si vous voulez garder la foi, vous devrez combattre le bon combat. La foi est un combat, elle demande du courage, de la détermination, un engagement. Paul dit: «J'ai achevé la course, j'ai fait ce qui m'était demandé.» Puis il regarde vers l'éternité. C'est comme une fenêtre ouverte dans cette cellule et à travers laquelle il regarde au-delà de ces murs de pierres grises.

«Désormais la couronne de justice m'est réservée; le Seigneur, le juste juge, me la donnera dans ce jour-là, et non seulement à moi, mais encore à tous ceux qui auront aimé son avènement.» (verset 8)

Cela m'a toujours touché, car Paul savait qu'il allait se présenter devant un juge injuste qui allait prononcer une sentence injuste, une sentence de mort. Il dit: «Ce n'est pas le dernier jugement. Il y en a un autre derrière. Et dans l'éternité je me tiendrai devant un juste juge et il me donnera la juste récompense pour tout ce que j'ai accompli à son service.» Il avait une telle confiance. Il savait que tout était sous le contrôle de Dieu. Il n'y avait pas d'amertume, pas de regrets. Quel était le secret d'une telle attitude? Je crois que c'est merveilleusement expliqué dans 2 Timothée 1:12. En parlant de tout ce qu'il a traversé, il dit:

«Mais je n'en ai point honte, car je sais en qui j'ai cru, et je suis persuadé qu'il a la puissance de garder mon dépôt jusqu'à ce jour-là.»

Je voudrais prendre deux phrases clés pour trouver le secret de la sérénité et de la sécurité dans l'adversité. Tout d'abord: «Je sais en qui j'ai cru.» Remarquez qu'il ne dit pas: «Je sais ce que j'ai cru.»

Sa sécurité ne reposait pas sur une doctrine, mais sur une personne, la personne du Seigneur Jésus-Christ. Cher ami, il ne suffit pas de croire en une doctrine. Cette doctrine doit vous conduire à une personne, à la personne du Sauveur, du Seigneur Jésus. Pouvez-vous dire: «Je sais en qui j'ai cru»? Je ne vous demande pas si vous savez en quoi vous croyez, mais si vous savez en qui vous avez cru.

Ensuite Paul fait une affirmation très significative: «Je suis persuadé qu'il a la puissance de garder mon dépôt jusqu'à ce jour-là.» La King James Version traduit: «... ce que je lui ai remis...» C'est le secret de la véritable sécurité, son engagement total envers Dieu et envers sa volonté. Quand vous engagez votre vie, tout ce que vous êtes et tout ce que vous allez devenir entre les mains de Dieu, vous pouvez être absolument certain que Dieu est capable de garder ce que vous lui avez confié.

Que Dieu vous bénisse et qu'il vous garde!